T0209617

essentials

essentials liefern aktuelles Wissen in konzentrierter Form. Die Essenz dessen, worauf es als „State-of-the-Art" in der gegenwärtigen Fachdiskussion oder in der Praxis ankommt. *essentials* informieren schnell, unkompliziert und verständlich

- als Einführung in ein aktuelles Thema aus Ihrem Fachgebiet
- als Einstieg in ein für Sie noch unbekanntes Themenfeld
- als Einblick, um zum Thema mitreden zu können

Die Bücher in elektronischer und gedruckter Form bringen das Fachwissen von Springerautor*innen kompakt zur Darstellung. Sie sind besonders für die Nutzung als eBook auf Tablet-PCs, eBook-Readern und Smartphones geeignet. *essentials* sind Wissensbausteine aus den Wirtschafts-, Sozial- und Geisteswissenschaften, aus Technik und Naturwissenschaften sowie aus Medizin, Psychologie und Gesundheitsberufen. Von renommierten Autor*innen aller Springer-Verlagsmarken.

Weitere Bände in der Reihe https://link.springer.com/bookseries/13088

Atilla Wohllebe · Nina Wolter

Smartphone Apps im Einzelhandel

Einsatzmöglichkeiten, Praxisbeispiele & Herausforderungen

Atilla Wohllebe
Hamburg, Deutschland

Nina Wolter
Hamburg, Deutschland

ISSN 2197-6708   ISSN 2197-6716 (electronic)
essentials
ISBN 978-3-658-36499-1   ISBN 978-3-658-36500-4 (eBook)
https://doi.org/10.1007/978-3-658-36500-4

Die Deutsche Nationalbibliothek verzeichnet diese Publikation in der Deutschen Nationalbiblio-
grafie; detaillierte bibliografische Daten sind im Internet über http://dnb.d-nb.de abrufbar.

Planung/Lektorat: Carina Reibold
Springer Gabler ist ein Imprint der eingetragenen Gesellschaft Springer Fachmedien Wiesbaden
GmbH und ist ein Teil von Springer Nature.
Die Anschrift der Gesellschaft ist: Abraham-Lincoln-Str. 46, 65189 Wiesbaden, Germany

Was Sie in diesem *essential* finden können

- Aktuelle Erkenntnisse aus Praxis und Forschung zur Relevanz von Smartphone Apps im Einzelhandel
- Praxisorientierte Darstellung ausgewählter Einsatzmöglichkeiten in den Bereichen Marketing & CRM, Information & Convenience sowie Transaktion & After-Sales
- Ausführungen zu Herausforderungen konzeptioneller, technischer und rechtlicher Natur
- Ergänzende Stimmen von Experten aus Unternehmen und Wissenschaft

Vorwort

Ohne Zweifel befindet sich der stationäre Einzelhandel in einem tief greifenden Wandel und wahrscheinlich auch vor einer deutlichen Konsolidierung. Nach einer Phase, die vor allem durch zunehmende Filialisierung und das Aufkommen von Discounter geprägt war, ist es bereits seit einigen Jahren die Digitalisierung in Form des E-Commerce, die Einzelhändler um Kunden und Umsätze fürchten lässt. Noch immer, so scheint es, suchen viele stationäre Einzelhandelsunternehmen in allen Größen ihre Rolle in dieser neuen, digitalen Handelswelt.

Das Smartphone, Tag und Nacht und an praktisch jedem Ort in den Händen der Verbraucher präsent, scheint auf den ersten Blick ein Teil dieses Problems zu sein. Nie zuvor war es so einfach, jederzeit auf das Internet zuzugreifen, um Produktinformationen, Kundenrezensionen sowie Gebrauchs- und Aufbauanleitungen abzurufen – oder eben direkt im Laden mit dem Produkt in der Hand stehend die Preise anderer Anbieter zu vergleichen. Doch ist das Smartphone ausschließlich als Gefahr für den Händler vor Ort zu begreifen?

Aus tiefster Überzeugung, basierend auf unseren Erfahrungen aus beruflicher und forschender Tätigkeit, glauben wir an das Potenzial von Smartphones und insbesondere von Smartphone Apps für den stationären Einzelhandel. Mit diesem *essential* wollen wir deshalb allen interessierten Leserinnen und Lesern auf verständliche Weise ganz konkrete Ideen vermitteln, wie sich Smartphone Apps im Einzelhandel gewinnbringend einsetzen lassen, um den Einkauf vor Ort zu einem besseren Einkaufserlebnis zu machen. Neben einem einführenden Marktüberblick bleiben dabei auch die Herausforderungen nicht unerwähnt. Auf den Austausch – auch und insbesondere zu Ihren eigenen Erfahrungen – freuen wir uns!

Unser aufrichtiger Dank gilt allen, die uns mit ihren Ideen und Statements unterstützt haben sowie denjenigen, die uns täglich den Rücken freihalten und die Erstellung dieses *essential* so überhaupt erst ermöglicht haben.

Erlaubt sei noch der Hinweis, dass wir uns entschieden haben, in diesem Buch auf Gendering zu verzichten, gleichzeitig jedoch stets immer alle Geschlechter in unseren Betrachtungen mit einschließen. Unseren Zitatgebern haben wir es freigestellt, ob und wie sie mit dem Gendering umgehen.

Atilla Wohllebe, M. Sc.
Nina Wolter, M. Sc.

Inhaltsverzeichnis

Bereits seit einigen Jahren steht der stationäre Einzelhandel in Deutschland unter Druck und wandelt sich stetig. Insbesondere in den Innenstädten zeigt sich dieser **Strukturwandel** durch eine neue Filialkonzepte, das Aufkommen von Discountern und die Verlagerung der Einkaufsmöglichkeiten heraus aus den Fußgängerzonen der Innenstädte (HDE, 2014). Mit der zunehmenden **Relevanz des E-Commerce** haben sich die Bedingungen für klassisch stationäre Einzelhändler zusätzlich erschwert. Während der E-Commerce jährlich im oberen einstelligen bis unteren zweistelligen Prozentbereich wächst, stagniert der Einzelhandelsumsatz praktisch (Statistisches Bundesamt, 2020c). In der Folge steigt der Anteil des E-Commerce-Umsatzes am Gesamtumsatz des Einzelhandels jedes Jahr und liegt mittlerweile bei deutlich über zehn Prozent (Statistisches Bundesamt, 2020a). Der stationäre Einzelhandel dagegen sieht sich, vor allem abseits der bevorzugten Einkaufslagen in Großstädten und Ballungsräumen, mit einem Überschuss an Verkaufsfläche und teilweise massiv sinkender Flächenproduktivität konfrontiert (Esprit, 2019; HDE, 2019; Heinemann, 2017, S. 3).

Parallel zu dieser Entwicklung hat sich das Einkaufsverhalten im stationären Einzelhandel durch das Aufkommen des **Smartphones** massiv verändert. So besitzen nicht nur 86 % der Deutschen mittlerweile ein Smartphone (BITKOM, 2019). Eine Umfrage der Universität St. Gallen (CH) betont zudem auch Wichtigkeit des Handys **als Einkaufsbegleiter:** Fast die Hälfte aller Befragten gibt an, sich „eher häufig" beim Einkaufen im Laden mithilfe des Smartphones zum Beispiel über aktuelle Rabatte und Aktionen zu informieren oder Preise zu vergleichen (Forschungszentrum für Handelsmanagement, 2019).

Diese Zahlen zeigen eindrucksvoll die Relevanz von Smartphones im stationären Einzelhandel aus Verbrauchersicht. Doch während viele Einzelhändler beim Anblick von Konsumenten mit dem Smartphone in der Hand wohl noch immer

A. Wohllebe und N. Wolter, *Smartphone Apps im Einzelhandel*, essentials, https://doi.org/10.1007/978-3-658-36500-4_1

den Showrooming-Effekt fürchten dürften, zeichnet die Forschung mittlerweile ein deutlich anderes Bild, insbesondere mit Blick auf den **Nutzen von Apps im Einzelhandel:** Konsumenten wünschen sich von Smartphone Apps im Einzelhandel nicht etwa primär eine Online Shopping Funktion, sondern erwarten als vor allem einen digitalen Einkaufshelfer, der den Einkauf vor Ort unterstützt und so dabei hilft, Zeit und Geld zu sparen (Rojas-Osorio & Alvarez-Risco, 2019; Wohllebe, Dirrler, et al., 2020).

Dann können Apps nicht nur positiv auf die **Kundenbindung** wirken, sondern auch den beim jeweiligen Einzelhändler generierten **Umsatz positiv beeinflussen** (Bellman et al., 2013; Heerde et al., 2019; Verma & Verma, 2013). Insofern sind Smartphone Apps bei richtigem Einsatz weniger als Bedrohung, sondern vor allem als Chance für den stationären Einzelhandel zu betrachten, um von der Digitalisierung zu profitieren.

Hintergrund: Showrooming
Das Szenario, bei dem sich ein Konsument im stationären Einzelhandel informiert und beraten lässt, schließlich aber im Internet bei einem günstigeren Onlinehändler kauft, wird auch Showrooming genannt. Es führte in der Vergangenheit vereinzelt zu Überlegungen des stationären Einzelhandels, Beratung nur noch kostenpflichtig anzubieten (Schäfer, 2017; Stephanie Kowalewski, 2014). Tatsächlich deutet vieles jedoch darauf hin, dass dem Showrooming eine deutliche geringere Relevanz zuzuschreiben sein dürfte, als zunächst von vielen befürchtet wurde (ECC Köln, 2013; Flavián et al., 2020). Insbesondere muss in der Debatte um das Showrooming auch das gegenteilige Verhalten, also das Webrooming bedacht werden, wobei Kunden sich zunächst online informieren, um ihren Einkauf abschließend klassisch offline im stationären Einzelhandel zu tätigen. Im Kontext des Webrooming wird deshalb auch vom ROPO-Effekt („research online, purchase offline") gesprochen (Heinemann, 2017, S. 5).

Vor dem Hintergrund der Chancen von Smartphone Apps im stationären Einzelhandel zeigt dieses *essential* ausgewählte, **konkrete Einsatzmöglichkeiten** in den Bereichen Marketing & CRM, Information & Convenience sowie Transaktion & After-Sales auf und diskutiert diese mit Blick auf **Mehrwerte, Implementierung und Betrieb.** Darüber hinaus werden auch die spezifischen Herausforderungen der Entwicklung und des Betriebs von Smartphones Apps besprochen.

Mit dem *essential* wollen wir vor allem **praxisnahe Impulse** setzen und **konkrete Ideen** vermitteln, wie Einzelhändler ihr bestehendes Geschäftsmodell mit Hilfe von Smartphone Apps stärker digitalisieren können. Grundlage dieser Impulse und Ideen ist dabei unsere mehrjährige Erfahrung aus Praxis und Forschung rund um die strategische und konzeptionelle Entwicklung und Vermarktung von Smartphone Apps im Einzelhandel. Ergänzend hinzu kommen **Beiträge ausgewählter Experten** sowie **aktuelle Erkenntnisse aus Wissenschaft** und Marktforschung.

Einleitend werden dazu zunächst der Einzelhandelsmarkt und der Smartphone- bzw. App-Markt betrachtet. Zusätzlich werden Informationen zu Nutzerpräferenzen und –typen im Kontext von Smartphone Apps im Einzelhandel bereitgestellt.

1.1 Einzelhandel im Wandel

Um das Potenzial des Einsatzes von Smartphone Apps im Einzelhandel besser zu verstehen, soll zunächst ein Überblick über die aktuellen Entwicklungen im Einzelhandelsmarkt gegeben werden.

Mit einem Umsatz von 578 Mrd. € (2018) ist der deutsche Einzelhandel der mit Abstand größte Einzelhandelsmarkt in Europa, gefolgt von Großbritannien (486 Mrd. €) und Frankreich (476 Mrd. €) (Eurostat, 2019). Gleichzeitig sind in den letzten zehn Jahren mit etwa 60.000 Unternehmen rund 20 % der Einzelhandelsunternehmen in Deutschland verschwunden; heute agieren noch rund **300.000 Einzelhandelsunternehmen** im deutschen Markt (Statistisches Bundesamt, 2020e).

Mit Blick auf die einzelnen Vertriebsformen machen Discounter, Fachmärkte, filialisierte Fachhändler sowie der nicht filialisierte Fachhandel jeweils rund 15 % des Einzelhandelsumsatzes aus. Supermärkte und der traditionelle Lebensmitteleinzelhandel machen gemeinsam rund 10 % des Umsatzes aus (HDE, 2020a).

Ein Blick auf die **Konsumausgaben** deutscher Haushalte zeigt, dass diese im Mittel bei 2704 € liegen und sich gemäß Abb. 1.1 verteilen (Statistisches Bundesamt, 2020d). Dabei enthalten viele der aufgeführten Bereiche auch Umsätze aus dem stationären Einzelhandel, etwa Nahrung & Getränke, Innen- & Haushaltsausstattung sowie Bekleidung & Schuhe.

Eine Umfrage des Handelsverband Deutschland aus dem Jahr 2020 unter Einzelhändlern zeigt **die wichtigsten Themen der Branche** auf (HDE, 2020b). Dazu gehören neben der Belastung des Mittelstands (58 %) insbesondere der wachsende Online-Handel (45 %) bzw. der Wettbewerbsdruck (33 %) sowie der Attraktivitätsverlust der Innenstädte (43 %) und die Preisentwicklung (23 %). Die Zahlen spiegeln sich auch in dem Eindruck von 48 % der Verbraucher wider, die eine Verringerung des Angebots an verschiedenen Geschäftsformen in den Innenstädten feststellen (Mentefactum, 2018).

Hintergrund: Innenstadt im Wandel

Der stationäre Einzelhandel „gestaltet […] wie kaum ein anderer Wirtschaftszweig den öffentlichen Raum insbesondere in den Innenstädten" (Reink, 2014). Mit dem Strukturwandel

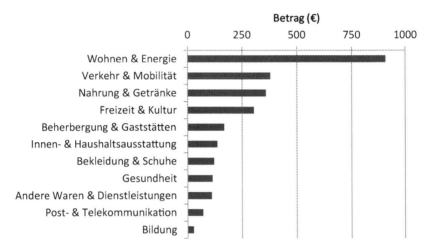

Abb. 1.1 Private Konsumausgaben in Deutschland. (Quelle: Statistisches Bundesamt, 2020b)

im Einzelhandel geht folglich auch eine Veränderung der Innenstädte einher. Während die Einzelhandelsflächen in Städten über 100.000 Einwohnern in den vergangenen Jahren eher zugenommen haben, waren die restlichen Gemeinden und Städte in Deutschland mit einer Flächenbereinigung von rund zehn Prozent konfrontiert, konstatiert Heinemann (2017, S. 3). Dem lokalen Handel könne zum Teil nicht einmal mehr die Erfüllung der „Basisanforderungen an einen professionellen Geschäftsbetrieb" zugeschrieben werden, so Heinemann (2017, S. 10) weiter – mit entsprechenden Folgen für deutsche Innenstädte: Die Anzahl der Einzelhändler hat sich in den vergangen zehn Jahren um rund 20 % verringert (Statistisches Bundesamt, 2020e). Immer stärker sehen sich Verwaltung und Politik folglich mit teils massiven Leerständen selbst in ehemaligen A-Lagen der Klein- und Mittelstädte konfrontiert. Bock (2021) spricht in der FAZ – auch und insbesondere vor dem Hintergrund der Auswirkungen der Corona-Pandemie – deshalb von einem „Ende der Einkaufsmeile", weil „die Innenstädte in der Zukunft keine reinen Einkaufsmeilen mehr sein werden". Er fordert stattdessen „attraktive Plätze, ein urbanes Flair, viel Stadtgrün, Orte der Begegnung und der Kultur". Mit Spannung darf erwartet werden, welche Antworten Verwaltung und Politik in Zusammenarbeit mit der Wirtschaft in den kommenden Jahren finden werden, um die Innenstadt als einen Ort der sozialen Begegnung, wie ihn Deckert & Wohllebe (2021, S. 39) beschreiben, aktiv weiterzuentwickeln und so zu erhalten.

Im Jahr 2019 lag der **B2C-E-Commerce** Umsatz in Deutschland bei 59,2 Mrd. €
netto – ein Wachstum von 279 % in den letzten 10 Jahren (HDE, 2021a; HDE &
Statistisches Bundesamt, 2021). Damit strebt der Anteil des E-Commerce-
Umsatzes am Gesamtumsatz des Einzelhandels kontinuierlich in Richtung 15 %,
wobei dies insbesondere die Produktkategorien Kleidung, Schuhe, Eintrittskarten
für Veranstaltungen, Kosmetik & Parfüm, Bücher, Musik, Filme & Serien sowie
Sportartikel betrifft (Statistisches Bundesamt, 2020b; VuMA, 2019) (Abb. 1.2).

Parallel zu diesem regelrechten Boom des E-Commerce liegt die Verkaufsfläche im Einzelhandel seit vielen Jahren bei rund 120 Mio. Quadratmeter, wobei
die **Flächenproduktivität** – trotz etwas Erholung in den letzten Jahren – seit
den 1970er Jahren massiv zurückgegangen ist (HDE, 2019; HDE et al., 2019).
Dabei gibt es durchaus große Unterschiede in den einzelnen Branchen. So sind
zum Beispiel bei dem Mode-Einzelhändler Esprit die Umsätze pro Quadratmeter
Verkaufsfläche seit 2015 besonders stark zurückgegangen, wohl auch aufgrund
der zunehmenden Rolle des E-Commerce im Fashion-Segment. Neben diesen
Herausforderungen bei der Umsatzentwicklung deutet der bis 2018 konstant
gestiegene **Mietindex für Einzelhandelsimmobilien** zusätzlich auch auf Herausforderungen auf der Kostenseite hin (Verband deutscher Pfandbriefbanken,
2021).

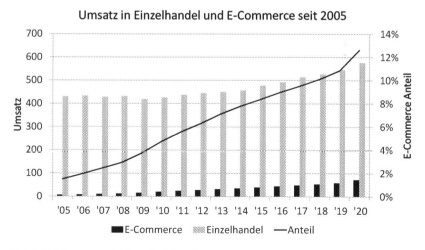

Abb. 1.2 Umsatzentwicklung im Einzelhandel und E-Commerce im Vergleich. (Quellen:
HDE, 2021a; HDE & Statistisches Bundesamt, 2021)

1.2   Smartphone- & App-Markt im Kurzüberblick

Um das in der Literatur diskutierte Potenzial der Digitalisierung im Einzelhandel mit besonderem Fokus auf Smartphone Apps besser zu verstehen, soll im Folgenden ein kurzer Überblick über den Smartphone- und App-Markt gegeben werden (Deckert & Wohllebe, 2021; Kheiravar & Richter, 2016). Jedes Jahr werden weltweit rund 1,4 Mrd. Smartphones verkauft (IDC, 2020). In Deutschland besitzen rund **86 % der Bevölkerung ein Smartphone** (BITKOM, 2019). Im Mittel läuft jedes vierte bis fünfte verkaufte Gerät in Deutschland auf dem Apple-Betriebssystem iOS, sodass der Android-Marktanteil bei Neugeräten folglich im Bereich der 75 bis 80 % liegt (Kantar, 2021). Mit Blick auf die führenden Gerätehersteller teilen sich **Apple und Samsung** weltweit die Marktführerschaft, gefolgt von chinesischen Herstellern wie Xiaomi, Oppo, Huawei und Vivo (Business Wire, 2021).

Bei der Internetnutzung dominieren mobile Endgeräte mittlerweile deutlich. Weltweit dürfte sich der Internet-Traffic über Smartphones von 2016 bis 2021 etwa auf das Siebenfache erhöht haben (Cisco Systems, 2017). Gleichzeitig hat sich in Deutschland das durchschnittliche Datenvolumen pro Mobilfunkanschluss von 591 auf 3000 Megabyte erhöht (VATM & Dialog Consult, 2020). In der Schweiz wurden 2019 bereits 78 % aller Webbesuche über mobile Endgeräte getätigt (Adello, 2020).

Bei der Frage nach der Anzahl der installierten Apps geben 50 % der deutschen Smartphone Nutzer zwischen einer und zwanzig Apps an. Rund ein Viertel der Befragten gibt in der Erhebung von AudienceProject (2019) sogar mehr als 30 installierte Apps an (Abb. 1.3).

Bei den beliebtesten Apps nach Downloads und nach Nutzungshäufigkeit dominieren vor allem **Messaging- und Social-Media-Apps** wie WhatsApp, Instagram, ZOOM, TikTok und Snapchat. Zur regelmäßigen Nutzung ebenfalls beliebt sind Spiele wie Clash of Clans oder Subway Surfers (Airnow, 2020a, 2020b).

Auch die Relevanz von **Shopping-Apps** nimmt immer stärker zu. Hier lassen sich grundsätzlich drei Kategorien unterscheiden (Airnow, 2020c):

- B2C-Online-Shopping- und -Marktplatz-Apps wie OTTO, Amazon, Zalando und eBay
- C2C-Marktplatz-Apps wie eBay Kleinanzeigen und Vinted (ehem. Kleiderkreisel und Mamikreisel)
- Cross-Channel-Apps wie von Lidl (mit Lidl Plus) und IKEA

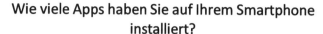

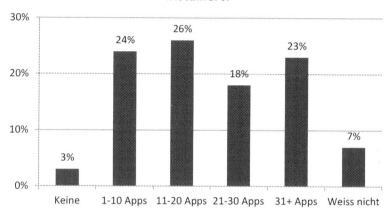

Abb. 1.3 Anzahl installierter Smartphone Apps. (Quelle: AudienceProject, 2019)

Insbesondere Apps letzterer Kategorie, also Apps von Einzelhändlern mit starkem Stationärfokus, sind im Rahmen dieses *essentials* besonders interessant und zum Download besonders empfohlen, da viele Apps großer Einzelhändler bereits heute exemplarisch zeigen, wie sich diese einsetzen lassen.

Eine Untersuchung von 25 **Smartphone Apps im Einzelhandel** der größten deutschen Handelsunternehmen zeigt, dass sich die heute angebotenen Apps **in drei Kategorien** unterteilen lassen (Wohllebe, 2021b):

- **Money-Saver-Apps** sind auf die Kommunikation von Preisvorteilen fokussiert, etwa in Form von digitalen Prospekten oder über die Aussteuerung von App-basierten Gutscheinen.
- **Shopping-Convenience-Apps** dienen vor allem als funktionale Helfer für den Einkauf vor Ort und bieten verstärkt Funktionen wie Preisauskünfte, eine In-Store Navigation oder einen digitalen Kassenbon.
- **Loyalty-Apps** bilden im Wesentlichen ein digitales Kundenbindungsprogramm auf dem Smartphone ab und erlauben zum Beispiel das Sammeln von Treuepunkten oder die Teilnahme an Bonusprogrammen.

Insbesondere solche Apps, die Kunden im wesentlichen monetäre Vorteile gewähren oder ein digitales Kundenbindungsprogramm abbilden, werden heute bereits vielfach angeboten. Derzeit noch deutlich weniger verbreitet sind Funktionen, die das Einkaufserlebnis vor Ort („Shopping Convenience") mit entsprechenden Funktionen verbessern (Wohllebe, 2021b).

1.3 Nutzererwartungen

Für die Entwicklung einer marktgerechten Smartphone App im Einzelhandel gilt es, die Erwartungen potenzieller Nutzer zu kennen. Im Folgenden werden dazu aktuelle Forschungs- und Studienergebnisse zusammengefasst.

Verschiedene Erhebungen, unter anderem Zahlen von HDE, BITKOM sowie der Universität St. Gallen, zeigen, welche **Funktionen** sich Konsumenten von Smartphone Apps im Einzelhandel wünschen (BITKOM, 2020; Forschungszentrum für Handelsmanagement, 2019; HDE, 2018). Hierzu gehören unter anderem:

- Nutzen von Einkaufs- bzw. Merklisten
- Abfragen aktueller Warenbestände in Echtzeit
- Einholen von Produktinformationen
- Vergleich von Preisen
- Erhalten von Informationen zu aktuellen Rabatten und Angeboten
- Navigieren im Geschäft zum Auffinden der Produkte
- Selbstständiges Einscannen der Einkaufs
- Bezahlen des Einkaufs
- Teilnahme an Bonus- bzw. Treueprogramme

Eine Erhebung des Handelsverband Deutschland (HDE, 2018) zeigt exemplarisch auf, welche technischen Entwicklungen Kunden im stationären Einzelhandel erwarten und wie diese gewichtet sind (Abb. 1.4).

Diese Erwartungen von Konsumenten an Smartphone Apps von Einzelhändlern decken sich auch mit der – nicht selten recht abstrakten – wissenschaftlichen Forschung. Obgleich Konsumenten durchaus Freude beim Ausprobieren neuer Funktionalitäten empfinden (Kheiravar & Richter, 2016), sollten Einzelhändler nicht auf Innovation um der Innovation willen setzen, sondern müssen mit ihrer App vor allem einen **digitalen Helfer für den Einkauf vor Ort** bereitstellen (Bodmeier et al., 2019; Wohllebe, Dirrler, et al., 2020). Bringt die App entsprechend praktische Vorteile für den Konsumenten, erleichtert also den Einkauf und ist nutzerfreundlich konzipiert (Parker & Wang, 2016; Tupikovskaja-Omovie & Tyler, 2018), kann sie nicht nur zu einer Erhöhung der Ladenbesuche beitragen,

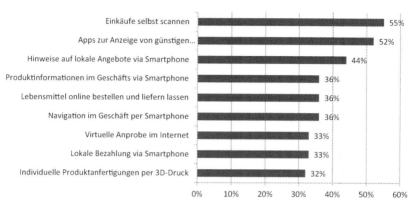

Abb. 1.4 Erwartungen an technische Entwicklungen im stationären Einzelhandel (HDE, 2018)

sondern entsprechend auch zu höheren Umsätzen (Kang, 2017; Verma & Verma, 2013). Die Bereitstellung einer Online-Shopping-Funktionalität ist dagegen aus Sicht vieler Konsumenten eher sekundär (Pantano & Priporas, 2016; Shukla & Nigam, 2018).

Betont werden muss, dass die Erwartungen an eine Smartphone App, funktionale Mehrwerte beim Stationäreinkauf anzubieten, derzeit wohl vielfach noch unerfüllt sein dürften. Tatsächlich fokussiert der Einzelhandel bisher vor allem darauf, monetäre Vorteile – also Werbung – und seine Kundenbindungsprogramme per Smartphone App zur Verfügung zu stellen (Wohllebe, 2021b). Insofern sollten sich Einzelhändler verstärkt darauf konzentrieren, mit ihren Apps auch das **Einkaufserlebnis im stationären Einzelhandel vor Ort zu verbessern**.

Zusammenfassung

- Filialisierung, Discounter und Digitalisierung verändern den Einzelhandel seit vielen Jahren.
- Verstärkt erwarten Konsumenten von Einzelhändlern, dass diese auch Smartphone Apps bereitstellen.
- Als Begleiter für den stationären Einkauf sollten Smartphone Apps im Einzelhandel monetäre Vorteile wie Rabatte oder Coupons unterstützen,

zusätzliche Informationen zu Produkten und der Produktverfügbarkeit anbieten und den Einkaufsprozess vereinfachen.

- Aktuell setzen Einzelhändler mit ihren Smartphone Apps vor allem auf das Angebot monetärer Vorteile, woraus sich jedenfalls eine gewisse Divergenz zwischen Nutzerangebot und tatsächlichem Funktionsumfang der angebotenen Smartphone Apps ergibt.

Ausgewählte Einsatzmöglichkeiten 2

Im Folgenden werden insgesamt zwölf Möglichkeiten beschrieben, wie Smartphone Apps zur Verbesserung des stationären Einkaufserlebnisses beitragen können. Zur besseren Übersicht werden die beschriebenen Einsatzmöglichkeiten in drei Kategorien

- Marketing & CRM
- Information & Convenience
- Transaktion & After-Sales

unterteilt. Bei dieser Unterteilung ist zu beachten, dass die Grenzen nicht immer trennscharf verlaufen und für einzelne Funktionalitäten eine Anwendung in mehreren Kategorien denkbar ist. So wäre beispielsweise denkbar, In-App Messenger nicht nur im After-Sales-Prozess einzusetzen, sondern auch vor dem Einkauf bzw. währenddessen zur Beratung oder als Marketing-Instrument.

Die Beschreibung der Einsatzmöglichkeiten enthält stets grundlegende Informationen zur Funktionalität bzw. zum Einsatzzweck, skizziert mögliche Mehrwerte für Kunden und/oder Unternehmen und enthält vereinzelt auch eine Indikation bezüglich des Implementierungs- und Betriebsaufwands. Zusätzlich sind teilweise Aussagen von Experten aus Unternehmen enthalten, die die jeweils skizzierte Einsatzmöglichkeit entweder selbst nutzen oder Technologien in dem jeweiligen Kontext anbieten. Dieses Vorgehen erlaubt einem interessierten Fachpublikum einen niedrigschwelligen und konkreten Einstieg in den Themenkomplex der Einsatzmöglichkeiten von Smartphone Apps im Einzelhandel.

© Der/die Autor(en), exklusiv lizenziert durch Springer Fachmedien
Wiesbaden GmbH, ein Teil von Springer Nature 2021
A. Wohllebe und N. Wolter, *Smartphone Apps im Einzelhandel,* essentials,
https://doi.org/10.1007/978-3-658-36500-4_2

2.1   Marketing & CRM

Für viele Unternehmen ist der Einsatz einer Smartphone App als Instrument zur Kundenansprache und –bindung vermutlich besonders naheliegend, insbesondere da treue Kunden eher geneigt sind, Smartphone Apps von Einzelhändlern zu installieren (Wohllebe et al., 2020). Tatsächlich hilft die Aussteuerung werblicher Maßnahmen nicht nur Unternehmen, sondern wird wie bereits diskutiert im Einzelhandel von vielen Kunden – bevorzugt in Form von Sonderangeboten und Rabatten – ebenso erwartet wie die Bereitstellung von Treue- und Bonusprogrammen per App (BITKOM, 2020; Forschungszentrum für Handelsmanagement, 2019; HDE, 2018).

Die im Folgenden erläuterten Ansätze liefern Ansätze für konkrete Funktionalitäten, mit denen Einzelhändler ihre App für Marketing- und CRM-Zwecke einsetzen können.

2.1.1 Kundenkarte

Ein im Handel beliebtes Instrument zur Kundenbindung ist die Kundenkarte. Kundenkarten können unterschieden werden in Bonusprogramme, Rabattkarten und Kundenkarten ohne regelmäßige Incentivierung. Bei einem Bonusprogramm sammelt ein Kunde bei jedem Einkauf Bonuspunkte und erhält beim Erreichen von bestimmten Punkteständen Coupons oder Rabatte. Bei Rabattkarten wird dem Kunden beim Einkauf ein Rabatt gewährt und dieser entweder sofort an der Kasse abgezogen oder am Ende eines Jahres in Form einer Rückerstattung ausgezahlt (Ranzinger, 2017, S. 1–4).

Unabhängig der konkreten Ausgestaltung meldet sich ein Kunde mit seinen persönlichen Daten für die Kundenkarte an und erhält dabei eine persönliche Kundennummer. Diese Kundenkarte wird vom Kunden (bestenfalls) bei jedem Einkauf an der Kasse vorgezeigt und im Kassensystem zum Einkauf erfasst.

Laut einer Umfrage zu Bonusprogrammen in Deutschland haben 61 % der Befragten zwei bis fünf Karten (inklusive EC-, Kredit- und Kundenkarten) in ihrem Portemonnaie (TNS Emnid, 2014). Da der Platz in der klassischen Geldbörse begrenzt und damit hinsichtlich der Kundenkarten von Einzelhändlern als umkämpft anzusehen ist, gewinnen Kundenkarten in digitaler Form zunehmend an Bedeutung. Diese werden entweder in die App des Händlers eingescannt oder direkt nach der Beantragung in der Händler-App am Kundenkonto hinterlegt. Häufig wird die digitale Kundenkarte mit Barcode und Kundennummer abgebildet.

Neben den Vorteilen für den Kunden ist eine solche Funktionalität aus Sicht des Einzelhändlers auch unter Marketing-Gesichtspunkten relevant, wie David Cordes, Team-Lead DACH bei Commander's Act, ausführt:

„Aus Kundensicht ist das digitale Hinterlegen einer Kundenkarte in der App eines Retailers vermutlich eher ein nettes Extra und nicht unbedingt das zentrale Argument, die App zu installieren. Aus Sicht des Einzelhändlers allerdings ist dieser Datenpunkt jedoch hochgradig interessant: So lassen sich das Kundenverhalten in der Online- und der Offline-Welt zusammenführen. Beispielsweise kann das Surfverhalten (Online-Daten) mit dem Kaufverhalten im Store (Offline-Daten) und dem Standortverlauf (Online-Daten aus der App) verbunden werden. Diese Daten lassen sich nicht nur zu Analyse-Zwecken, sondern auch zur gezielten, personenbezogenen Kundenansprache über digitale und analoge Marketing-Kanäle verwenden. Neben der Entwicklung der eigentlichen Funktionalität und der Beachtung des rechtlichen Rahmens ist insbesondere das Zusammenführen der Kundenidentifikatoren – zum Beispiel Kundenkartennummer, E-Mail Adresse und Cookies – eine besondere Herausforderung. Hier braucht es intelligente Lösungen, um die erhobenen Daten auch valide miteinander verbinden und nutzen zu können."

Transparenzhinweis: Commander's Act entwickelt und vertreibt Software, die eine ganzheitliche Sicht auf das Kundenverhalten ermöglicht und die Marketingaktivitäten dahin gehend über alle Kanäle orchestriert auf den Kunden abstimmt.

Bei der Entwicklung einer entsprechenden Funktionalität ist neben der Frage der Darstellung insbesondere zu klären, ob und wie die zu hinterlegende Kundenkarte validiert werden soll, welche Datenpunkte wie zusammengeführt und wie genutzt werden sollen und wie mit möglichen Schiefständen in den Daten umgegangen werden soll. Denkbar wäre zum Beispiel, dass die hinterlegte Kundenkarte zu einem anderen Nutzer gehört als dem, der bereits in der App eingeloggt ist, etwa, wenn sich ein Ehepaar eine Kundenkarte „teilt".

▷ **Tipp: Digitale Kundenkarte ohne eigene App** Eine Alternative zur Integration der Kundenkarte in die Händler-App sind digitale Wallets, wie die Apple Wallet und Google Pay. In diesen Wallets können Kundenkarten von Händlern ebenfalls digital hinterlegt werden. An dieser Stelle verliert der Händler zwar den vollen Zugriff auf die Kunden- und Transaktionsdaten und bindet sich an die Lösungen von Apple und Google, behält aber weiterhin die Möglichkeit, den Kunden über Benachrichtigungen etwa mit Werbung oder aktuellen Informationen zu seinem Kundenstatus zu kontaktieren.

2.1.2 Mobile Couponing

Unter Mobile Couponing wird die Digitalisierung der klassischen Coupons und Gutscheine verstanden. Im Allgemeinen erlaubt ein Coupon einer bestimmten Personengruppe beim Einsatz in einer definierten Akzeptanzstelle in einem bestimmten Zeitraum einen Vorteil, welcher gegebenenfalls an ein bestimmtes Verhalten des Kunden gekoppelt ist (Hartmann et al., 2003, S. 6). Ein stationärer Einzelhändler kann einem Kunden oder einer Kundengruppe über die Smartphone App einen digitalen Coupon zukommen lassen, mit dem der Kunde zum Beispiel einen Preisvorteil oder eine Produktzugabe erhält. Der Vorteil für den Kunden kann an den Kauf bestimmter Produkte, einen vorgegebenen Vertriebskanal, eine bestimmte Absatzmenge oder einen definierten Zeitraum gekoppelt sein (Hartmann et al., 2003, S. 7).

Während ein Kunde bei dem Einsatz von Coupons im Wesentlichen einen monetären Vorteil erfährt, handelt es sich aus Händlersicht vor allem um ein Instrument der Kundenbindung, mit dem gezielte Anreize für einen Einkauf geschaffen werden. So kann der Warenkorbwert systematisch gesteigert werden, wenn der Vorteil erst beim Kauf von mehreren Artikeln, Sets oder beim Erreichen von bestimmten Mindestbeträgen eingesetzt werden kann. Die Relevanz von Coupons unterstreicht auch eine Umfrage von Dialego (2019), nach der sich 12 % der Befragten „in jedem Fall" und 29 % der Befragten „eher" für ein Produkt oder eine Dienstleistung entscheiden, wenn sie einen Coupon erhalten oder einlösen könnten.

Unabhängig der Art des Coupons werden diese in der Regel in einem separaten Bereich in der Smartphone App des Händlers verwahrt und können dort durch den Nutzer aufgerufen und verwaltet werden, sodass dieser jederzeit auf eine Übersicht seiner aktuell verfügbaren und gültigen Coupons zugreifen kann. Die Verwendung eines Coupons am Point-of-Sale kann an eine Identifikation des Kunden beispielsweise über die Kundenkarte gebunden sein, um ein unberechtigtes oder doppeltes Einlösen zu verhindern. Im Sinne eines optimalen Omnichannel-Erlebnisses sollte zusätzlich ein kanalübergreifender Einsatz von Coupons ermöglicht werden, sodass ein in der Smartphone App gespeicherter Coupon sowohl für den stationären als auch gegebenenfalls für den Online-Einkauf verwendet werden kann.

Bei der Aussteuerung von Coupons an den Kunden kann zwischen zwei Arten unterschieden werden: Einerseits können Coupons generisch und ohne konkreten Kundenbezug versendet werden. Während die Erstellung und der Versand solcher Coupons eher wenig Aufwand verbunden sind, wirken sich das oberflächliche Targeting und die mangelnde Personalisierung tendenziell negativ auf die Marketing-Performance aus. Personalisierte und kundenindividuell, etwa auf Basis sozio-demographischer, Verhaltens- oder Standortdaten, ausgesteuerte Coupons dagegen erfordern die technische Integration der entsprechenden Selektionsdaten und erlauben zudem granulare, personenbezogene Auswertungen (Hartmann et al., 2003, S. 10).

> ▶   **Tipp: Mobile Couponing über Drittanbieter**   Neben einer Abwicklung
> von Mobile Couponing über die eigene App eines Einzelhändlers ist
> auch die Abwicklung über einen Drittanbieter möglich. Je nach Aus-
> richtung kann dabei neben der Bindung bestehender Kunden auch
> die Akquise neuer Kunden Ziel der Aussteuerung sein. Zu den größten
> Anbietern in diesem Bereich gehört PAYBACK (www.payback.de).

2.1.3 Digitales Prospekt

Digitale Prospekte stellen eine Alternative zu klassischen Werbeprospekten aus Papier dar, wie sie Kunden bisher in den Briefkasten zugestellt wurden oder am Point-of-Sale zum Mitnehmen auslagen. Analog zur Papiervariante werden digitale Prospekte eingesetzt, um Verbraucher auf aktuelle Aktionen und Angebote eines Einzelhändlers aufmerksam zu machen. Laut einer Umfrage der United Internet Media zur Nutzung von digitalen Prospekten geben rund 70 % der Befragten an, digitale Prospekte im Internet zu nutzen. Insbesondere jüngere und männliche Nutzer haben eine besonders hohe Affinität, digitale Prospekte zu nutzen (Friedrich, 2016).

Im Unterschied zum klassischen Werbeprospekt aus Papier profitiert ein Kunde vor allem von der zeitlichen und räumlichen Unabhängigkeit, kann also zu jeder Zeit auf die Angebote und Aktionen eines Händlers zugreifen. Ebenso wird der Zugang zu Prospekten von Händlern erleichtert, bei denen ein Kunde nicht im Sendegebiet der Werbebeilage wohnt. Über Geo-Targeting können Kunden zudem auch situativ mit digitalen Prospekten versorgt werden, etwa, wenn sie sich in der Nähe eines stationären Geschäfts befinden.

Dem Einzelhandel bietet das digitale Prospekt weit mehr Vorteile als lediglich die potenziell größere Reichweite. Insbesondere sind digitale Prospekte deutlich günstiger in der Streuung und können, je nach technischer Umsetzung, mit zusätzlichen Inhalten versehen werden, als es in der klassischen Printvariante möglich wäre. So sind beispielsweise die Einbindung von klickbaren Links, von

Produktvideos oder von in Echtzeit bereitgestellten Verfügbarkeitsdaten im nächs-
ten Ladengeschäft denkbar. Auch können alternative Produkte angezeigt werden,
wenn bekannt sein sollte, dass ein gewünschtes Produkt bereits ausverkauft sein
sollte. So wird der Kunde nicht nur auf die konkreten Produkte in der Werbung,
sondern auch auf das weitere Sortiment eines Händlers aufmerksam.

Auch aus analytischer Sicht sind digitale Prospekte der klassischen Printvariante überlegen. So können das Klickverhalten im Prospekt analysiert, Umsätze
konkret dem digitalen Prospekt zugeordnet und anschließend gezielte Optimie-
rungsmaßnahmen vorgenommen werden.

Bei der Umsetzung digitaler Prospekte sind vor allem die optimale Darstellung
des Prospekts, die Bedienbarkeit und die Pflege der Produkte und Informationen
die wesentlichen Herausforderungen. Für ein optimales Kundenerlebnis ist die
Voraussetzung dabei, dass alle relevanten Informationen der beworbenen Produkte
digital zur Verfügung gestellt werden. Im Sinne eines nahtlosen Einkaufserlebnisses sollten die Produkte gegebenenfalls direkt auch aus der App heraus bestellbar
sein.

Bezüglich des Aufwands der Erstellung eines digitalen Prospekts hängt dieser
vor allem von der funktionalen Umsetzung ab: Einerseits kann ein digitales Prospekt als analoges Abbild der gedruckten Variante veröffentlicht werden. Gibt es
keinen zusätzlich verlinkten Content, ist der Aufwand für die Erzeugung eher
gering. Wird das Prospekt als blätterbare Variante oder sogar separat für die
App aufbereitet (zum Beispiel im Rahmen einer eigenen Produktliste) entsteht
zusätzlicher Aufwand in der Entwicklung sowie bei der Pflege des Contents.

> **Tipp: Digitale Prospekte über Drittanbieter** Einzelhändler, die digitale
> Prospekte nicht in einer eigenen Smartphone App abbilden können
> beziehungsweise wollen oder die mit ihren digitalen Prospekten auch
> und insbesondere neue Kunden erreichen wollen, können auch auf Drit-
> tanbieter setzen. Mit den Plattformen kaufDA und MeinProspekt gehört
> Bonial International (www.bonial.com) zu den bekanntesten Anbietern
> in Deutschland. Häufig bieten Drittanbieter zusätzlich verschiedene
> Werbemaßnahmen an, um Verbraucher auf das eigene Prospekt besser
> aufmerksam machen zu können.

2.1.4 Location-Based Marketing

In der heutigen Zeit wird ein Konsument rund um die Uhr und durch diverse Medien mit Werbung konfrontiert. Sollen die eigenen Werbemaßnahmen dabei herausstechen und dem potenziellen Kunden im Gedächtnis bleiben, erfordert dies eine Ansprache, die in Echtzeit an individuelle Situation eines Kunden angepasst werden kann. Gerade im stationären Einzelhandel eignet sich dazu das Location-Based Marketing. Dabei werden Marketing-Inhalte auf vom Nutzer in der Vergangenheit besuchte Standorte oder auf den aktuellen Standort des Nutzers zugeschnitten.

Grundsätzlich ist dabei vor allem zwischen GPS- und Bluetooth-Daten zu unterscheiden, wobei GPS-Daten über eine Standortfreigabe gesammelt und ausgewertet werden, während bei der Nutzung von Bluetooth-Daten vor allem Beacons zum Einsatz kommen.

Hintergrund: Beacon
Als Beacons werden kleine Sender bezeichnet, die über Bluetooth mithilfe des „Bluetooth Low Energy"-Funkstandards Signale an ihre Umgebung aussenden. Mit Beacons und entsprechender Software lassen sich insbesondere Indoor-Anwendungsfälle im Location-Based Marketing, aber auch zum Beispiel In-Store Navigationsservices umsetzen. Voraussetzung ist, neben der Entwicklung entsprechender Funktionen, vor allem, dass der Kunde auch Bluetooth aktiviert hat.

Die erfassten Daten können auf zwei Arten ausgewertet werden: Entweder werden die Standortdaten der Nutzer im Zeitverlauf gesammelt und auf dieser Basis ex post lokale Präferenzen für eine personalisierte Ansprache gebildet. Alternativ kann der Standort auch live abgefragt und für eine Ansprache in Echtzeit genutzt werden. Bei dieser Variante erhält der Nutzer zum Beispiel eine Push Benachrichtigung, sobald er sich in der Nähe eines bestimmten Ortes befindet. So lassen sich beispielsweise aktuelle Angebote schon bei der Annäherung an den Standort eines Einzelhändlers bewerben. Denkbar sind bei der Verwendung von Beacons und der damit möglichen Ortungsgenauigkeit bis auf teilweise unter einem Meter auch Hinweise auf in der Nähe befindliches Sortiment innerhalb des Point-of-Sale.

Auch Bernardo De Albergaria, Chief Commercial Officer, Airship, betont das große Potenzial von Location-Based Marketing für den stationären Handel:

„Smartphone Apps im Einzelhandel gewinnen bereits seit einigen Jahren an Relevanz, wobei die Corona-Pandemie die Akzeptanz bei den Verbrauchern nochmal deutlich beschleunigt. Unseren Daten zufolge sind die durchschnittlichen App-Öffnungsraten während der Pandemie um 29 Prozent gestiegen. Gleichzeitig ist die Zustimmung der App-Nutzer, ihren Standort zu teilen, um 39 Prozent auf jetzt 10,7 Prozent gestiegen.

Diese Entwicklung ist besonders für stationäre Händler erfreulich und ermöglicht es ihnen, ihre Kunden über die eigene App zur richtigen Zeit und am richtigen Ort zu erreichen. Ein Kunde befindet sich vielleicht gerade in der Nähe der eigenen Filiale oder auch bei einem Mitbewerber. Dies kann als Anlass genutzt werden, den Kunden auf Angebote aufmerksam zu machen. Gerade die Aussteuerung werblicher Nachrichten erfordert eine gezielte und hochwertige Ansprache, während die Nutzung des Standorts zur Optimierung von Click-and-Collect oder der Abholung am Straßenrand eher als geschätzter Service begrüßt wird.

Standorte in der realen Welt weisen auch auf potenzielle Affinitäten und Interessen hin. Wir sehen zum Beispiel Anwendungsfälle bei deutschen Einzelhändlern, die den Besuch im Fußballstadion, die Besichtigung eines Musterhausparks oder den Aufenthalt am Strand als Auslöser für maßgeschneiderte Marketingkommunikation nutzen. Die Daten von hunderten Millionen globalen App-Nutzern zeigen deutlich, dass diese kontextbezogene Kommunikation von den Konsumenten sehr geschätzt wird und ein vielversprechendes Marketing-Tool für den stationären Handel darstellt."

Transparenzhinweis: Airship entwickelt und vertreibt die gleichnamige Customer Engagement Platform, die es Unternehmen ermöglicht, mit ihren Kunden auf allen mobilen Marketingkanälen personalisiert, in Echtzeit und standortbasiert zu kommunizieren.

2.2   Information & Convenience

Wesentliches Konsumenteninteresse bei der Nutzung von Smartphone Apps als digitaler Assistent für den Einkauf vor Ort ist die Verbesserung des stationären Einkaufserlebnisses (Bodmeier et al., 2019; Wohllebe et al., 2020). Die folgenden vier Einsatzmöglichkeiten bieten diesbezüglich entsprechende Impulse.

2.2.1 Digitale Einkaufsliste

Zu den bekanntesten digitalen Services im Stationärhandel gehört laut einer Umfrage des ECC Köln & Salesforce (2020) neben Angeboten wie Click & Collect und Selbstbedienungskassen mit einem Bekanntheitsgrad von 71 % die digitale Einkaufsliste. Dabei handelt es sich in der Regel um eine Liste in einer App, die der Nutzer im Stile des klassischen Einkaufszettels vor dem Ladenbesuch pflegt, anschließend den Einkauf auf Basis der Liste durchführt und währenddessen die Produkte auf der Liste abhakt. Mit dem Erstellen einer digitalen Einkaufsliste kann der Einkauf im stationären Einzelhandel vom Kunden optimal vorbereitet werden, um den eigentlichen Einkauf strukturiert und zeitsparend durchzuführen. Unabhängig davon, ob es sich bei der digitalen Einkaufsliste um eine Funktion der App des Einzelhändlers oder um eine separate App wie Google Keep, Wunderlist oder Bring! handelt, geben 25 % der Verbraucher an, ihr Smartphone während des Einkaufs zum Prüfen und Abhaken einer Einkaufsliste nutzen (MMA & MindTake, 2020).

Die einfache Listenfunktion kann von Händlern innerhalb der eigenen Smartphone App in vielfältiger Weise optimiert werden, um – neben der Kernfunktionalität – zusätzliche Mehrwerte für Händler und Kunden zu schaffen:

- Werden die einzelnen Elemente der Liste automatisch auf Basis des Ladenaufbaus sortiert, entsteht für Kunden ein zusätzliches Zeitersparnis beim Einkauf.
- Über die Auswertungen der Produkte auf der Einkaufsliste lassen sich zusätzliche Reaktivierungspotenziale heben, etwa, wenn der Kunde proaktiv an den Wiederkauf regelmäßiger Verbrauchsgüter – Lebensmittel, Haushalts- und Drogerieprodukte, Tiernahrung oder Babybedarf – angesprochen wird.
- Das Vorschlagen von Produkten, die mit einem auf der Liste eingetragenen Produkt besonders häufig zusammengekauft werden, liefert dem Kunden Inspirationen und kann zusätzlichen Umsatz generieren (Cross-Selling).

Für Einzelhändler mit angeschlossenem Online-Shop ist zusätzlich auch die Anzeige weiterer Sortimente, die im stationären Geschäft nicht verfügbar sind, denkbar, um, auch im Sinne einer ganzheitlich gedachten Omnichannel-Strategie, zusätzliche Umsatzpotenziale zu realisieren.

2.2.2 Preisscanner

Der Preis eines Produktes ist neben der Qualität, Funktionalität und Effizienz das wohl wichtigste Kriterium bei der Kaufentscheidung (WE Communications, 2016). Gleichwohl ist, zum Beispiel durch falsche Einsortierung oder Etikettenverlust, längst nicht an jedem Produkt auch immer eine Preisauszeichnung zu finden. Neben Kundenirritationen an der Kasse führt dieser Umstand zur unnötigen Bindung von Mitarbeiterressourcen, welche Preisauskunftsersuchen von Kunden auf der Fläche zu beantworten versuchen.

Ein klassischer Lösungsansatz sind fest installierte Preis-Scanner, die sich als Hardware mit integriertem Display schon heute bei vielen stationären Einzelhändlern finden und nach dem Scannen des Barcodes dem Kunden den Produktpreis anzeigen. Eine praktische Alternative hierzu stellt die in die Händler-App integrierte Preisscanner-Funktion dar. Dabei wird über die Kamera des Smartphones eine Scanner-Funktion gestartet, über die der Barcode eines Artikels erfasst werden kann. Im Warenwirtschaftssystem des Händlers werden der Preis und gegebenenfalls weitere Informationen zum Artikel abgefragt und dem Kunden anschließend auf dem Smartphone angezeigt. Eine detaillierte Artikelbeschreibung und weitere Beratungsinhalte können dem Kunden einen zusätzlichen Servicemehrwert bieten. Auch ein Hinweis auf den Regalplatz des Artikels kann hilfreich sein, sodass der Kunde diesen bei Bedarf direkt auffinden kann.

Durch die Händler-App hat der Kunde seinen Preisscanner immer direkt griffbereit, statt zunächst einen Hardware-basierten Preisscanner auf der Verkaufsfläche finden zu müssen. Für Händler bietet die Funktion in der Händler-App im Vergleich zum fest installierten Hardware-Preisscanner einerseits Kostenvorteile, da keine separate Hardware benötigt wird, mit der das Geschäft ausgestattet werden muss. Ergänzend dazu kann durch das Transaktionsvolumen erhöht werden, indem nach dem Scannen des Produktes passende Zubehör-Artikel (Cross-Selling) oder höherwertige Alternativprodukte (Upselling) ausgelobt werden.

Für ein optimales Nutzererlebnis ist die Aktualität des Preises als Hygienefaktor anzusehen. Um beispielsweise bei Werbeaktionen immer den korrekten Preis anzuzeigen, sollte dieser nach Möglichkeit in Echtzeit (oder einem entsprechend regelmäßigen Rhythmus) aus den Quellsystemen abgefragt werden. Daher ist eine der Voraussetzung für die Umsetzung dieser Funktion der Zugriff auf die Daten im Warenwirtschaftssystems des Händlers und die Übermittlung in die Smartphone App. Gleichermaßen muss sichergestellt werden, dass der Kunde im gesamten Geschäft mit seinem Endgerät eine Verbindung zum Internet herstellen kann, um die Informationen erhalten zu können – gegebenenfalls über ein entsprechend bereitgestelltes Kunden-WLAN.

Sobald der Preis-Scanner in der Händler-App integriert ist, lässt sich dieser auch mit weiteren Funktionen der App verknüpfen. So könnte es dem Nutzer ermöglicht werden, gescannte Artikel direkt auf der digitalen Einkaufsliste zu speichern oder sich per Marktnavigation zum eigentlichen Regalplatz des Artikels führen zu lassen.

Zusatz: Warenwirtschaftssystem als Ausgangsbasis

Ähnlich der Umsetzung einer Preisscanner-Funktion ist auch bei Self-Scanning- oder Mobile-Payment-Funktionen die Anbindung des Warenwirtschaftssystems eine wichtige Grundvoraussetzung. Bei der Entwicklung einer der Funktionen sollte deshalb geprüft werden, wie sich im Fall der Entwicklung weiterer Funktionen mögliche Synergien nutzen lassen. Dies betrifft zum Beispiel den Aufbau der entsprechenden Schnittstellen.

2.2.3 Augmented Reality

Obwohl Augmented Reality Apps für das Smartphone erst 2016 durch Pokémon Go in der breiten Masse angekommen sind, wurde der Grundbaustein bereits 1968 durch Ivan Sutherland gelegt. Er entwickelte das wohl erste Head-Mounted-Display, mit dem ein Benutzer im Raum platzierte 3D-Computergrafik aus der eigenen Perspektive betrachten konnte (Tönnis, 2010, S. 3–4). Im Gegensatz zu Virtual Reality (VR), bei der die Umgebung des Nutzers vollständig computergeneriert dargestellt wird, handelt es sich bei Augmented Reality (AR) um eine erweiterte Realität. Dabei wird das reale Umfeld durch den Nutzer erfasst, während in Echtzeit Computer-generierte Inhalte integriert werden (Furht, 2011, S. 3).

In einer aus den Neunzigern stammenden Arbeit liefern Milgram et al. (1995) eine Übersicht, wie sich die Begriffe der Realität, der erweiterten Realität, erweiterten Virtualität und virtuellen Realität im Gesamtspektrum der „Mixed Reality" zueinander verhalten (Abb. 2.1).

Im Apple App Store und im Google Play Store werden mittlerweile Augmented Reality Apps in vielen verschiedenen Kategorien und für zahlreiche Anwendungsfälle angeboten. Darunter finden sich beispielsweise Instant-Messenger wie Snapchat, Spiele wie Pokémon Go und Minecraft Earth oder Apps von

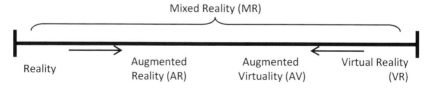

Abb. 2.1 Abgrenzung verschiedener Realitätsbegriffe. (Quelle: Milgram et al., 1995)

Einzelhändlern wie IKEA Place. Obgleich viele Apps vor allem spielerisch-unterhaltenden Zwecken dienen, können AR-Anwendungen im Einzelhandel auch zur funktionalen Erweiterung des Einkaufserlebnisses eingesetzt werden. Erfasst ein Nutzer seine reale Umgebung in der App des Händlers mit der Smartphone-Kamera, können die durch Computer generierten Produkte in das Umfeld des Kunden integriert werden. Hierdurch erhält der Nutzer einen ersten Eindruck vom Produkt, ohne dieses direkt kaufen zu müssen. So können beispielsweise Möbel in den eigenen Räumen und im Garten platziert werden, um Größenverhältnisse abschätzen oder die Struktur des Produktes genauer betrachten zu können. Auch denkbar ist die digitale Platzierung von Wandfarben und Bodenbelägen im eigenen Heim, um diese etwa farblich mit der Einrichtung abzustimmen.

Auch im Fashion-E-Commerce ist der gewinnbringende Einsatz erweiterter Realität denkbar, etwa durch eine virtuelle Anprobe, bei der sich ein Kunde ein Kleidungsstück oder ein Accessoire über die Frontkamera seiner Smartphones auf den Körper projiziert. Ein solches Feature könnte einen ersten Eindruck von Farbe, Größe und Passform noch vor der Bestellung vermitteln.

Hintergrund: Anfänge von Augmented Reality im E-Commerce

Bereits im Jahr 2000 und entsprechend noch in den eher jungen Jahren Online-Handels in Deutschland und weit vor der Erfindung des Smartphones hat das Hamburger E-Commerce-Unternehmen OTTO einen der vielleicht ersten Anwendungsfälle für Augmented Reality im deutschen E-Commerce entwickelt. Nach dem Upload eines Fotos durch den Nutzer und unter Angabe der Maße und Größen wurden vom Nutzer zuvor ausgewählte Kleidungsstücke auf das Foto „projiziert", wie golem.de berichtete. Mit der virtuellen Anprobe konnten die Nutzer „nach Lust und Laune unsere Mode kombinieren, Passformen prüfen und Stilrichtungen am eigenen Körper ausprobieren", zitiert Donath (2000) in dem Artikel auf dem IT-, Technik- und Wissenschaftsportal den damaligen Direkter Neue Medien, Dr. Thomas Schnieders.

Neben dem spielerischen Effekt liegt ein großer Vorteil von AR-Anwendungen in der hohen Interaktion des Nutzers mit dem Produkt bereits vor dem Kauf. So lassen sich das stationäre und digitale Einkaufserlebnis nicht nur nahtlos miteinander verbinden, auch führt die Nutzung von AR-Anwendungen aufgrund der intensiven Interaktion der Nutzer mit den Produkten zu höheren Verkaufsumsätzen und einer Reduktion der Retourenquote, wie Berman & Pollack (2021) zeigen.

Den genannten Vorteilen steht ein relativ geringer Entwicklungsaufwand einer AR-Funktion für Smartphone Apps gegenüber. Durch die von Apple und Google bereitgestellten Frameworks „AR Kit" und „ARCore" werden Schlüsselfunktionen, wie das Erkennen von Flächen und Objekten in der Umgebung, das

Platzieren von 3D-Modellen und das Einschätzen der Lichtsituation in der Umgebung, von den Plattformen bereitgestellt und müssen von den Händlern nicht mehr selbst entwickelt und berechnet werden (Apple, 2021; Google, 2021b).

Die größere Herausforderung für den Händler ist die Digitalisierung der Produkte. Per Computer Generated Imagery (CGI) müssen 3D-Modelle von Produkten erstellt werden, um diese anschließend in die Augmented Reality Anwendung des Händlers zu integrieren. Erst ab einer für den Nutzer relevanten Anzahl von digitalisierten und somit in der AR Funktion zur Verfügung stehenden Produkten werden die genannten Vorteile für den Händler spürbar.

2.2.4 In-Store Navigation

Der Begriff der In-Store Navigation (auch Marktnavigation oder Indoor Navigation) beschreibt eine Funktionalität, die das Prinzip einer regulären Navigationsapp (wie Google Maps) auf die Orientierungshilfe innerhalb von Gebäuden überträgt: Der Nutzer kann in der App des Einzelhändlers eine digitale Karte des stationären Geschäfts aufrufen und so den Grundriss, einzelne Abteilungen, Gänge und Regale in digitaler Form betrachten. Häufig über eine Suchfunktion kann das gewünschte Produkt kann auf der Karte lokalisiert werden. Anschließend lässt sich der Nutzer zum entsprechenden Regalplatz navigieren. Je nach Funktionsumfang können dabei verschiedene Technologien und Umsetzungsvarianten zum Einsatz kommen.

Für die Lokalisierung des Nutzers und damit für die korrekte Anzeige des Nutzerstandorts innerhalb des Ladengeschäfts sind mehrere Varianten der technologischen Umsetzung denkbar. So kann der Standort etwa mithilfe von Beacons und Bluetooth, über die Nutzung von WLAN oder durch die Visible Light Communications Technologie ermittelt werden.

Hintergrund: Visible Light Communications (VLC)

Bei Visible Light Communications handelt es sich um eine Datenübertragungstechnologie auf Basis von Licht. Dabei werden LED-Leuchtmittel eingesetzt, um Daten mit Lichtsignalen über kurze Distanzen zu übertragen. Erste VLC-Geräte wurden bereits 2003 in Japan entwickelt. Im Jahr 2015 hat Philips Lightning die Technologie zur Entwicklung eines Indoor Positioning Systems verwendet, welches unter anderem von einem EDEKA in Düsseldorf zur Umsetzung einer In-Store Navigation genutzt wurde (Halper, 2017).

Auch für die Anzeige der Route auf dem Smartphone des Nutzers gibt es verschiedene Umsetzungsvarianten. So kann die Route auf der Karte entweder als die von Navigationsapps bekannte „Linie" angezeigt werden oder der Nutzer wird auf Basis von Augmented Reality durch den Markt geleitet. Hierbei wird das Umfeld im Geschäft mitsamt Regalen und Gängen vom Nutzer mit der Smartphone-Kamera erfasst. Die In-Store Navigation blendet dann die Route zum gewünschten Ziel digital in die aufgenommene Umgebung ein.

Eine Alternative zur kostenintensiveren Umsetzung sowohl mit Live-Standort als mit Augmented Reality stellt Umsetzung einer Navigationsfunktion mit der Standortanzeige gesuchter Produkte jedoch ohne Live-Standort dar. Dabei handelt es sich streng genommen jedoch nicht um eine In-Store Navigation, sondern um einen digitalen und um die Funktion einer Produktsuche erweiterten Übersichtsplan (Abb. 2.2).

Nele Harms, Product Owner bei hagebau connect, erläutert, warum sich die In-Store Navigation positiv auf die Ressourcen der eigenen Mitarbeiter auswirkt und welche Herausforderungen bei der Entwicklung überwunden werden müssen:

> „Während der Vorteil für Nutzer:innen das leichtere Auffinden von Produkten ohne die Hilfe von Mitarbeiter:innen ist, birgt eine In-Store Navigation auch verschiedene Vorteile für Händler. Obwohl Mitarbeiter:innen und Verkäufer:innen auf der Fläche zunächst häufig skeptisch sind und mitunter Sorge um den eigenen Arbeitsplatz haben,

Abb. 2.2 Digitaler Übersichtsplan mit Suchfunktion (links) vs. In-Store Navigation mit Live-Standort (rechts)

liegt der große Mehrwert der Funktion vielmehr darin, dass sich diese viel weniger mit Anfragen zu Produkt-Standorten beschäftigen müssen. Die Fachexpertise der Mitarbeiter:innen auf der Fläche kann stattdessen zielführend für intensive Beratungsgespräche genutzt werden und damit nicht nur den Verkauf von Waren fördern, sondern gleichzeitig auch die Kundenzufriedenheit steigern. Zusätzlich dazu können die Mitarbeiter:innen selbst die Funktion für eine zeiteffiziente Verräumung der Ware und für die eigene Inventur nutzen.

Die In-Store Navigation kann allerdings erst dann erfolgreich implementiert und eingesetzt werden, wenn eine saubere Produktdatenbasis vorhanden ist und ein Zugriff auf das Warenwirtschaftssystem des Händlers besteht. Insbesondere dann, wenn in die In-Store Navigation eine Suchfunktion integriert werden soll, spielt die Granularität und Verschlagwortung der Produkte eine große Rolle, damit ein Suchalgorithmus die Produkte zielführend erkennt und Nutzer:innen ein passgenaues Suchergebnis angezeigt werden kann. Ebenso ist die Aktualität der Karte der Ladenfläche und der im System gepflegten Standorte der Produkte ausschlaggebend dafür, ob Kund:innen zum richtigen Regal geleitet werden."

2.3   Transaktion & After-Sales

Auch bei der Transaktionsabwicklung, also dem Scannen und Bezahlen der Waren, sowie im After-Sales-Prozess, etwa bei Fragen zum gekauften Produkt, Reklamationen oder der Buchung von Verbunddienstleistungen lassen sich Smartphone Apps im Einzelhandel gewinnbringend einsetzen.

Die folgenden drei Möglichkeiten liefern Ideen, wie die eigentliche Transaktion durch den Einsatz von Smartphone Apps unterstützt werden kann. Die letzte Möglichkeit, der Einsatz eines In-App Messengers, wird vor allem aus After-Sales-Sicht betrachtet, kann aber auch in früheren Phasen des Kaufprozesses Mehrwerte für Händler und Kunden stiften kann.

2.3.1 Mobile Payment

Unter Mobile Payment können alle Zahlarten am Point-of-Sale zusammengefasst werden, die bargeldlos mithilfe des Smartphones oder eines anderen mobilen Endgerätes, etwa einer Smartwatch, und in der Regel an einer Kasse abgewickelt werden. Im Kontext mobiler Apps im Einzelhandel erfolgt die Umsetzung von Mobile Payment als natives Feature, wobei die Bezahlfunktion nicht über Apps wie Google Pay, Apple Pay oder Payback abgewickelt wird, sondern in der App des Einzelhändlers selbst. Hierfür findet die Kommunikation zwischen dem

Kassensystem und dem Smartphone in der Regel entweder per NFC (Near Field Communication) oder über einen QR-Code (Quick Response) statt.

Aus Nutzersicht divergiert die Relevanz von Mobile Payment je nach Situation. So würden gemäß einer Umfrage von Statista (2021) in Deutschland zum Beispiel 13 % der Befragten Speisen und Getränke in Bars, Cafés und Restaurants mit dem Smartphone zahlen. Während 35 % angeben, nie mit dem Smartphone zahlen zu wollen, möchten 23 % in jeder Situation mit dem Smartphone bezahlen (Abb. 2.3).

Nutzt der Kunde während seines Einkaufs im Stationärhandel bereits eine digitale Einkaufsliste oder die digitale Kundenkarte in der Smartphone App des Einzelhändlers, kann durch mobile Bezahlmöglichkeiten ein „Medienbruch" vermieden werden, indem auch die Zahlung mit dem bereits verwendeten Smartphone erfolgt. Der Mehrwert des mobilen Bezahlens steigt für Kunden und Händler, wenn sich der Kunde in der Smartphone App zum Beispiel mit der Kundenkarte oder einem Login eindeutig identifiziert. Wird in der App für die Bezahlfunktion beispielsweise das Scannen eines Barcodes verwendet, kann die Kundenkarte in den generierten Barcode integriert werden, sodass diese nicht

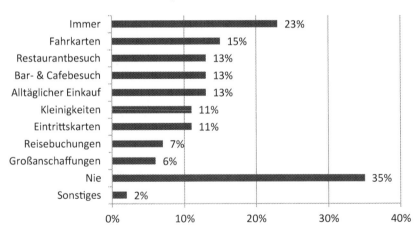

Abb. 2.3 Situationen, in den Kunden gerne mit dem Smartphone bezahlen möchten (Statista, 2021)

separat aufgerufen und vorgezeigt werden muss. Auch können Rabatte oder Coupons direkt eingelöst und Bonuspunkte gesammelt werden. Nach Abschluss der Transaktion kann zusätzlich der digitale Kassenbon im Kundenkonto hinterlegt werden.

Kunden profitieren von einer nativen Mobile Payment-Funktion also, weil sie auf Bargeld, physische EC- und Kreditkarten und auf das Sammeln von Papier-basierten Einkaufszetteln verzichten können und durch die nahtlose Integration von Einkaufsliste, Bezahlvorgang und Archivierung des Einkaufs in Form eines digitalen Kassenbons Zeit sparen können. Neben der Zeitersparnis liegt der Vorteil für die Einzelhändler vor allem in der Möglichkeit der Zuordnung von einzelnen Transaktionen zu bestimmten Kunden und den sich daraus ergebenden Potenziale für anschließende Marketing- und Vertriebsaktivitäten.

Die reine Payment-Funktion an der Kasse kann zusätzlich um die Möglichkeit des Self-Scannings erweitert werden, wobei die Artikel vom Kunden während oder zum Abschluss des Einkaufs über das Scannen der Produkt-Barcodes eigenständig erfasst werden. Der Abschluss der Transaktion kann dann wie gewohnt an der Kasse des Einzelhändlers stattfinden, indem der selbst gescannte Warenkorb an das Kassensystem übertragen wird oder die Abwicklung der Zahlung nach dem Scanvorgang direkt in der Smartphone App des Einzelhändlers erfolgt.

Zusatz: Mobile Payment und Self-Scanning
Laut einer Umfrage des Handelsverbands Deutschland (HDE, 2018) gehört das Self-Scanning zu den wichtigsten von Kunden gewünschten technischen Neuerungen im Einzelhandel. Dabei profitieren Kunden vor allem von der Beschleunigung des Kaufabschlusses, da das Scannen der Produkte an der Kasse entfällt. Dieser Vorteil wird zusätzlich verstärkt, da für Self-Scanning-Einkäufe – unabhängig davon, ob auf eigenen Smartphones oder einer stationären Self-Checkout-Kasse abgewickelt, häufig Fastlanes in der Kassenzone eingerichtet sind, sodass die normalen Warteschlangen übersprungen werden können. Die Relevanz von Self-Checkout-Systemen ist im Rahmen der Corona-Pandemie gestiegen. Als konkrete Gründe werden vor allem die Vermeidung von Kontakten zu anderen Menschen und zum Kassenband, die kürzere Wartezeit sowie die einfache mobile Zahlung genannt (POSpulse, 2020). Auch Einzelhändler profitieren von der Self-Scanning-Funktion. Da in der Kassenzone deutlich weniger Personal benötigt wird, kann dieses zusätzlich in der Kundenberatung oder der Warenverräumung eingesetzt werden. Auch kann mittels Self-Scanning die durchschnittliche Dauer des eigentlichen Transaktionsabschlusses verkürzt werden.

In der Praxis sind sowohl Mobile Payment als auch Self-Scanning in hohem Maße von den Möglichkeiten der Anbindung der App an das Kassen- und das Warenwirtschaftssystem des Händlers abhängig. Vermehrt sind entsprechende

Lösungen standardmäßig in der Lage oder jedenfalls darauf vorbereitet, entsprechende Funktionen zu unterstützen und bieten technische Schnittstellen an, die eine Integration in die Händler-App ermöglichen.

2.3.2 Click & Collect

Click & Collect verbindet den Einkauf in der App (oder dem Online-Shop) eines Einzelhändlers mit dessen Stationärgeschäft und ist insofern dem Cross-Channel-Retailing zuzuordnen (Jäger, 2016, S. 28). Dabei wird das gewünschte Produkt vom Kunden über die App gesucht und bestellt beziehungsweise im stationären Geschäft reserviert. Anschließend wird dem Kunden die Ware jedoch nicht aus einem Lager nach Hause geliefert, sondern entweder aus dem Bestand des stationären Geschäfts bereitgestellt – oder, je nach Ausprägung, aus einem Lager dorthin versendet – und vom Kunden selbst abgeholt.

Unterschieden werden muss bei Click & Collect zwischen den möglichen Zeitpunkten der Bezahlung: Entweder wird die Ware direkt bei der Bestellung online bezahlt oder erst bei Abholung vor Ort.

Einzelhändler profitieren von Click & Collect insbesondere dann, wenn Kunden beim Abholen der Ware, etwa aus einem Impuls heraus, Zusatzkäufe tätigen, die bei einer reinen Online-Bestellung nicht getätigt worden wären (eBay Inc., 2013). Gleichzeitig kann das Einkaufserlebnis auch für den Kunden durch die Abholung der vorab bestellten Ware im Geschäft deutlich verbessert werden, da Kunden die Zusammenstellung des Einkaufs zu Hause in gewohntem Umfeld als entspannter und zeitsparender im Vergleich zu einem Einkauf vor Ort empfinden. Auch verzichten viele Einzelhändler bei Click & Collect – hier nicht betrachtet als Alternative zum stationären, sondern zum Online-Einkauf – auf die Versandkosten. Weiterhin bieten die langen Öffnungszeiten des Einzelhandels den Kunden eine größere Flexibilität als die in der Regel nicht beeinflussbaren Zustellzeitpunkte der Paketdienste (Boniversum & bevh, 2018).

Auch im After-Sales bei der Rückgabe bietet Click & Collect für beide Parteien Vorteile: Während der Kunde eine schnelle Retourenabwicklung mit direkter Geldrückerstattung erlebt, kann ein Händler mit dem Kunden in den direkten Kontakt treten, Hintergründe zur Rückgabe erfahren und gleichzeitig beratend beim Kauf alternativer Produkte tätig werden. Hierdurch kann einerseits die Kundenzufriedenheit erhöht, andererseits auch mehr Umsatzpotenzial realisiert werden.

Um Click & Collect erfolgreich umsetzen zu können, spielt vor allem die Abdeckung der im Online-Shop sichtbaren Artikel eine Rolle. Im Rahmen einer umfangreichen Cross-Channel-Strategie sollte zumindest ein Großteil der Artikel im Shop verfügbar sein, welche der Kunde im stationären Geschäft erwartet. Deckert & Wohllebe (2021, S. 30) verweisen bei der Implementierung vor allem auf logistische Herausforderungen am Point-of-Sale, da Click & Collect-Bestellungen im Ladengeschäft bis zur Abholung zwischengelagert und ein Mitarbeiter mit der Ausgabe der Pakete an die Kunden betraut werden muss.

Hintergrund: Click & Collect während der Corona-Pandemie
Die Relevanz von Click & Collect hat im Rahmen der Corona-Pandemie deutlich zugenommen. Während stationäre Einzelhändler ihre Ladenflächen schließen mussten, konnten Einkäufe weiterhin über Click & Collect abgewickelt werden. Entsprechend ist Click & Collect mittlerweile bei drei Viertel der Internetnutzer bekannt, fast die Hälfte nutzte den Service im Jahr 2020 mindestens ein Mal (HDE, 2021b). Auch in den Gründen für die Nutzung von Click & Collect spiegelt sich die Pandemie wider, da diese Form des Einkaufs einerseits als „weniger stressing" und „sicherer" als der Einkauf im Geschäft angesehen wird und Konsumenten so gleichzeitig auch den stationären Einzelhandel vor Ort unterstützen konnten (Deloitte, 2020). Es ist davon auszugehen, dass die Relevanz von Click & Collect nach Bewältigung der Pandemie wieder abnehmen, langfristig sicherlich aber deutlich über Vor-Pandemie-Level liegen wird.

2.3.3 Digitaler Kassenbon

Mit dem „Gesetz zum Schutz vor Manipulationen an digitalen Grundaufzeichnungen" ist seit dem 01. Januar 2020 im Grundsatz auch der Kauf eines Brötchens beim Bäcker mit einem Beleg zu dokumentieren (Bundesministerium der Finanzen, 2016). Abseits der offensichtlich negativen Auswirkungen auf die Umwelt sind Kassenbelege in vielerlei Hinsicht wenig vorteilhaft, da sie unübersichtlich aufzubewahren sind, zerknittern können, mit der Zeit ausbleichen oder gänzlich verloren gehen können. Eine Alternative stellt der digitale Kassenbon dar. Hierbei handelt es sich um eine digitale Version des Kaufbelegs, die analog zu auf Papier gedruckten Belegen alle gewohnten Daten zu einem Einkauf enthält. Auch optisch ist die digitale Adaption häufig der Papier-Variante ähnlich, wobei die Umsetzung häufig entweder in Form einer PDF-Datei erfolgt oder der digitale Beleg auf Basis strukturierter Transaktionsdaten direkt in der App aufgebaut wird.

Kunden profitieren von digitalen Kassenbons, die in der Händler-App zentral abgelegt werden können, weil sie dort zu jeder Zeit aufgerufen und verwaltet werden können, etwa für den Fall einer Reklamation. Entsprechend würde laut einer Umfrage von YouGov (2019) ein Großteil der Konsumenten mittlerweile die digitale Variante des Kassenbons bevorzugen.

Grundsätzlich muss zwischen der manuellen und der automatischen Integration des Kassenbons in die Händler-App unterschieden werden. Die manuelle Integration erfolgt beispielsweise durch das Einscannen eines QR Codes am Point-of-Sale während des Transaktionsabschlusses. Hierbei werden die Daten für den digitalen Bon über den gescannten Code in die App des Nutzers übertragen. Dazu muss der Kunde zwar selbst aktiv werden, um den digitalen Bon in die App übertragen zu bekommen, allerdings ist im Grundsatz keine weitere Identifikation des Kunden erforderlich.

Im Gegensatz dazu erfordert die automatische Integration des Kassenbons in die App direkt nach dem Transaktionsabschluss eine Identifikation des Kunden während der Transaktion. Ist ein Kunde beispielsweise mit seiner (digitalen) Kundenkarte im Kassensystem des Händlers registriert und zeigt diese beim Bezahlen des Einkaufs an der Kasse vor, können die Transaktionsdaten der Kundennummer zugeordnet und so direkt aus dem Kassensystem in die App des Einzelhändlers übertragen werden.

Die grundsätzliche Herausforderung für die Umsetzung dieser automatischen Variante ist die Zuordnung der Daten einer Transaktion zu den Kundendaten. Gleichwohl bietet dieses Vorgehen für Händler deutliche Vorteile, da die Funktion implizit sowohl zur Registrierung für eine Kundenkarte auffordert als auch deren aktive Nutzung unterstützt, sodass deutlich mehr Transaktionsdaten konkreten Kunden zugeordnet, ausgewertet und gezielt zur Kundenansprache genutzt werden können.

2.3.4 In-App Messenger

Im privaten Bereich ist die Kommunikation über Messenger bereits seit langem Teil des digitalen Alltags. Auch im Einzelhandel lassen sich Messenger für die Kommunikation zwischen Kunden und Händlern nutzen und stellen so eine schnelle Alternative zum klassischen Callcenter dar. Insbesondere die von Kunden im Vergleich zu klassischen Service-Kanälen häufig als schneller wahrgenommene Bearbeitung von Anfragen kann die Zufriedenheit in allen Phasen der Customer Journey verbessern und trägt so positiv zu einem guten Beratungserlebnis bei (Sentient Decision Science, 2018a, 2018b). Gerade im E-Commerce haben viele Anbieter diese Relevanz bereits erkannt und bieten entsprechende Kontaktmöglichkeiten an. So sind Messenger im weitesten Sinne mittlerweile der am dritthäufigsten genutzte Kanal zur Kundenkommunikation (Mehner & Kremming, 2021).

Die direkte Integration eines In-App Messengers in die App des Einzelhändlers gewährleistet im Vergleich zur Nutzung von Drittanbieter-Apps wie Whats-App nicht nur ein konsistentes Markenerlebnis, sondern ermöglicht auch eine auf den Chat folgende Anschlusskommunikation auf Basis der ausgetauschten Nachrichten. Zusätzlich bietet die direkte Integration auch den Servicemitarbeitern die Möglichkeit, automatisch Informationen zum Kunden und seinen letzten Aktionen, etwa Bestellungen oder Einkäufen, zu erhalten, um noch zielgerichteter auf dessen Anliegen reagieren zu können.

Trotz der hohen Relevanz von Messenger-basierten Kontaktmöglichkeiten für Kunden und den Vorteilen vor allem von In-App Messengern für Einzelhändler spielen diese laut ibi research & DIHK (2020) für viele Einzelhändler bisher nur eine nachgelagerte Rolle in Marketing und Service. Mit einigem Abstand stellen die Website und Facebook noch immer die am häufigsten angebotenen Kanäle dar, gefolgt von Google My Business (Abb. 2.4).

Eines der größten Handelsunternehmen in Deutschland, das in seiner App einen Messenger anbietet, ist das Hamburger E-Commerce-Unternehmen OTTO. Björn Spielmann, Senior Projektmanager Servicemanagement & Customer Experience bei OTTO, erklärt die Relevanz des Features:

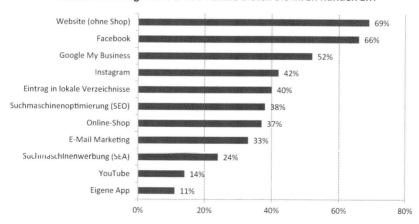

Abb. 2.4 Relevanz von Marketing- und Service-Kanäle bei deutschen Einzelhändlern. (Quelle: ibi research & DIHK, 2020)

„Bei OTTO nutzen wir unseren In-App Messenger seit 2016. Innerhalb der OTTO-App hat er sich in dieser Zeit zum meistgenutzten Kontaktkanal unserer Kund*innen entwickelt. Wir nutzen den Messenger zur Beantwortung aller Kund*innenanfragen – von Verfügbarkeiten über Lieferauskünfte bis hin zur Produktberatung. Der dahinterliegende Chatbot nimmt den Kolleg*innen im Relation Center (Agents) die Beantwortung einfacher und immer wiederkehrender Fragen ab und sortiert Fragen themengebunden vor. Rund ein Viertel der Kund*innenfragen lassen sich so direkt klären. Unseren Agents bleibt damit mehr Zeit, um sich auf komplexere Sachverhalte zu konzentrieren. Für OTTO ist der Messenger außerdem der ideale Kontaktkanal, um unsere eigenen Machine-Learning-Technologien immer wieder auszutesten. Auf dieser Basis entwickeln wir sowohl die Funktionalitäten des Messengers als auch die des Chatbot-Feature stetig weiter."

Technologische und funktionale Erweiterungen des In-App Messengers über die einfache Chat-Funktion hinaus bringen weitere Vorteile: Durch die Integration von Zahlungsmöglichkeiten können ganze Bestellungen inklusive der Bezahlung über das Chat-System abgewickelt werden. Bei Produktsortimenten, welche aufgrund der Komplexität eine stärkere Beratung erfordern, ist auch die Ausweitung des Chats auf eine Video-Chat-Beratung denkbar. Auch im Sinne eines Cross-Channel-Einkaufserlebnisses kann die Produkt-Beratung per Video-Chat eingesetzt werden, um den Kunden mit einem Mitarbeiter des stationären Einzelhandels digital in Verbindung zu setzen und zu eine kompetente Beratung direkt am Produkt zu ermöglichen.

Dank verschiedener Software-Anbieter, die In-App Messenger mittlerweile fast out-of-the-box anbieten, ist der technische Implementierungsaufwand für die Umsetzung eines entsprechenden Features als eher niedrig anzusehen. Deutlich komplexer ist dagegen die Frage der operativen Bearbeitung der eingehenden Anfragen, etwa durch eventuell entsprechend geschulte, gegebenenfalls sogar dedizierte Kapazitäten im Kundenservice.

Herausforderungen

3

Die vielfältigen Einsatzmöglichkeiten von Smartphone Apps im Kontext des Einzelhandels bieten große Potenziale für Händler und Verbraucher; angefangen bei der Nutzung als Marketing- und Kundenbindungsinstrument, über die Vereinfachung des eigentlichen Einkaufens bis hin zur Transaktionsabwicklung und dem After-Sales-Prozes. Gleichwohl scheinen die Einsatzmöglichkeiten heute noch längst nicht überall ausgeschöpft zu werden. Daten des Bundesministeriums für Wirtschaft und Energie legen nahe, dass Einzelhändler unter anderem den hohen Investitionsbedarf bzw. Zeitaufwand, fehlendes digitales Know-How und den Datenschutz als Hindernisse ansehen.

Im Folgenden werden darüber hinaus vier Herausforderungen diskutiert, die auf Basis der Erfahrung der Autoren im Kontext der Umsetzung von Smartphone Apps im Einzelhandel im Speziellen relevant sind. Neben den rechtlichen Herausforderungen gehören dazu auch solche technologischer (Datenintegration sowie Entwicklung & Betrieb) bzw. konzeptioneller (Kundenmehrwert) Natur.

3.1 Kundenmehrwert

Bereits im Kontext der Nutzererwartungen wurde die Freude von Konsumenten am Ausprobieren neuer, innovativer Funktionalitaten kurz diskutiert. Als kurzfristiges Instrument mag diese Freude ausreichen, um Nutzer auf eine App aufmerksam zu machen, jedoch darf der langfristige Effekt auf die kontinuierliche App-Nutzung bezweifelt werden, da die Neuartigkeit einer Funktionalität mit der Zeit offenkundig abnimmt (Kheiravar & Richter, 2016). Insofern erfordert die langfristige Bindung von Nutzern an eine App vor allem dauerhaft als nützlich wahrgenommene, dem Kunden tatsächlich Mehrwert bringende Features und

A. Wohllebe und N. Wolter, *Smartphone Apps im Einzelhandel*, essentials, https://doi.org/10.1007/978-3-658-36500-4_3

eine Kommunikation dieser Vorteile im Rahmen des App Marketings im weiteren Sinne (Wohllebe & Hillmers, 2021; Xu et al., 2015).

In der Folge muss es das konzeptionelle Ziel der App-Entwicklung sein, Kundenbedürfnisse bestmöglich zu verstehen und dazu passende technologische Lösungen anzubieten. In der Praxis hat sich (unter anderem) vor diesem Hintergrund und der ständigen Dynamik der Kundenanforderungen sowie der technologischen Möglichkeiten die agile Softwareentwicklung etabliert. Teil der damit verbundenen Methoden ist häufig die initiale Entwicklung eines „Minimum Viable Product", welches zunächst nur die wirklich notwendigen, grundlegenden Funktionen abbildet und auf Basis immer wieder eingeholten Nutzer- bzw. Kundenfeedbacks in vielen Iterationen Stück für Stück weiterentwickelt bzw. verworfen wird.

> **Weiterführende Literatur zur agilen Produktentwicklung**

- „Digitales Produktmanagement: Methoden – Instrumente – Praxisbeispiele", Sascha Hoffmann, Springer Gabler 2020
- „Scrum verstehen und erfolgreich einsetzen", Stefan Roock & Henning Wolf, dpunkt.verlag 2018
- „Das Scrum-Prinzip – Agile Organisationen aufbauen und gestalten", Boris Gloger & Jürgen Margetich, Schäffer-Poeschel 2018

Durch dieses Vorgehen wird vor allem verhindert, dass eine Funktionalität zwar optimal konzipiert und entwickelt wird, dann aber mit Veröffentlichung festgestellt werden muss, dass die neue Funktion eigentlich kein relevantes Kundenproblem löst und insofern im Prinzip nutzlos ist.

So führt das schrittweise Testen und Lernen in der Praxis zu einem besseren Verständnis der Kundenbedürfnisse und entsprechend zu einer qualitativ hochwertigeren und stärker an den – mitunter sich auch verändernden – Kundenbedürfnissen orientierten Softwareentwicklung; der Product-Market-Fit wird verbessert (Arcos-Medina & Mauricio, 2020; Roock & Wolf, 2016; Wohllebe, 2021a).

3.2 Datenintegration

Im Vergleich zu den in der Regel über viele Jahre bis Jahrzehnte historisch gewachsenen IT-Systemlandschaften handelt es sich bei Smartphone Apps um eine relativ neue Technologie. Häufig werden deshalb entsprechende Anwendungen „zunächst" an die unbedingt notwendigen Systeme „angedockt", nicht aber tatsächlich in die bestehende IT-Landschaft integriert. Grund dafür kann neben fehlenden Schnittstellen zum Beispiel die Überlegung sein, mit einer App zunächst lediglich einen Piloten auf die Beine stellen zu wollen, der dann erst „später" integriert werden soll.

Nicht selten geraten Unternehmen dabei in die Situation, entsprechende Integrationsprojekte über Jahre hinweg zu schieben und stattdessen auf die Entwicklung neuer Funktionalitäten zu fokussieren. So entsteht mit der Smartphone App eine technologische Insel beziehungsweise ein Datensilo, welches langfristig immer wieder Sonderlösungen erfordert und einen Datenaustausch mit anderen System nur eingeschränkt ermöglicht.

> **Tipp** Eine Einführung in den Begriff des Datensilos und Ansatzpunkte auf Auflösung von Datensilos bietet dieser „Kompakt erklärt"-Artikel bei Springer Professional: https://www.springerprofessional.de/datenmanagement/crm/was-ist-ein-datensilo-/18510004

Beispiel: In-Store Navigation

Verdeutlichen lässt sich ein Datensilo am Beispiel der In-Store Navigation. Dabei sucht der Nutzer nach einem Produkt und erhält anschließend Informationen zur Position des Produkts im Laden, zum Beispiel inkl. Angabe von Gang, Regalnummer und Regalplatz, und zum aktuellen Warenbestand.

Hierzu muss die Funktion auf Produktdaten (Produktname), Warenbestandsdaten (Anzahl) und die Produktposition (Gang, Regalnummer, Regalplatz) zugreifen. In der Praxis erfordert dies unter anderem eine Anbindung der Funktion zum Beispiel an das Product Information Management System (PIM), das Warenwirtschaftssystem (WaWi, ERP) und an ein System, das die aktuelle Regalanordnung digital abbildet.◄

Ähnliche Beispiele lassen sich auch für zahlreiche andere Use Cases finden. Eine Integration der Smartphone App und ihrer Funktionalitäten in die bestehende Systemlandschaft ist insofern von essenzieller Bedeutung für einen effizienten und gewinnbringenden Einsatz im Einzelhandel.

3.3   Entwicklung & Betrieb

Mit seiner Vielfalt hinsichtlich der Betriebssystemversionen, Displaygrößen und Gerätehersteller sowie den wohl deutlich mehr als 4000 Smartphone-Modellen muss der Smartphone-Markt als extrem fragmentiert bezeichnet werden (Floemer, 2012). Diese Fragmentierung spielt nicht nur bei der initialen Konzeption und Entwicklung, sondern auch bei der fortlaufenden Entwicklung im Sinne von App-Updates aufgrund funktionaler oder technischer Neuerungen eine wichtige Rolle.

Tobias Meyn, Teamleiter ID – Innovative Apps & Digitalization bei der novomind AG, erläutert die Komplexität bei der Entwicklung für die zwei führenden Betriebssysteme:

> „Der Markt der mobilen Betriebssysteme wird von Apple's *iOS* und Google's *Android* dominiert, welche sich in der nativen Entwicklung hinsichtlich Programmiersprachen, Entwicklungsumgebungen und Best Practices unterscheiden. Beide Systeme empfehlen eigene Richtlinien zur Gestaltung der Apps (*Material Design* für Android und *Human Interface Guidelines* für iOS), um die Bedienung mittels bekannter Elemente für Anwender möglichst intuitiv und einfach zu halten.
>
> Das Bestreben, die Nutzererwartungen an die App im jeweiligen System maximal zu erfüllen, ist nur einer der vielen Faktoren, welche die Komplexität in der App-Entwicklung erhöhen. Herstellerspezifische Betriebssystemupdates und immer fortschrittlichere Hardware tragen ebenso dazu bei und sorgen stetig für neue Anforderungen an den Status Quo einer betriebsfähigen App. Um das hohe Potenzial von Smartphone Apps langfristig nutzen und die innovativen Funktionalitäten von morgen in der eigenen Anwendung wiederfinden zu können, braucht es daher eine langfristige Strategie und spezialisierte Expertise in der Entwicklung."

Transparenzhinweis: Die novomind AG entwickelt seit 20 Jahren intelligente, weltweit einsetzbare Omnichannel-Commerce- und -Customer-Service-Software.
Um die angesprochene Komplexität handhabbar zu begrenzen und die Kompatibilität zu gewährleisten, werden in der Praxis deshalb häufig Mindestanforderungen an die Betriebssystemversion gestellt und ältere Versionen nicht mehr unterstützt.

> ➤ **Tipp: Relevante Geräte identifizieren** Neben frei verfügbaren aktuellen Statistiken zur Verbreitung von Betriebssystemen, Betriebssystemversionen und Displayauflösungen können technische Daten der Besucher der eigenen mobilen Website der App-Entwicklung wertvolle Hinweise bezüglich der Relevanz einzelner technischer Parameter liefern.

Ebenfalls wichtiger und im Aufwand nicht zu marginalisierender Teil der Entwicklung ist das Testing der entwickelten Funktionalitäten. Dabei werden Apps bzw. App-Updates vor Veröffentlichung auf unterschiedlichen Endgeräten hinsichtlich ihrer korrekten Funktionalität und Darstellung getestet. Häufig werden Testings anhand zuvor erarbeiteter, strukturierter Test-Pläne vorgenommen, die unter anderem definierte Testfälle für einzelne Funktionalitäten enthalten.

Beispiel: Testfälle für das Hinterlegen einer Kundenkarte

Dieses Beispiel zeigt mögliche Testfälle für das Hinterlegen einer Kundenkarte, bei der die Kundenkartennummer (KKNr) und zur Verifizierung zusätzlich die Postleitzahl (PLZ) des Inhabers eingegeben werden müssen.

- Das Feld zur Eingabe von KKNr und PLZ wird angezeigt, wenn keine Kundenkarte hinterlegt ist.
- Die korrekte Eingabe von KKNr und PLZ
- ruft eine Erfolgsmeldung auf.
- führt dazu, dass die Kundenkarte hinterlegt wird.
- Die Eingabe einer nicht plausiblen KKNr zeigt eine entsprechende Fehlermeldung an.
- Die Eingabe einer plausiblen KKNr und nicht plausiblen PLZ zeigt eine entsprechende Fehlermeldung an.
- Die erstmalige Eingabe einer plausiblen KKNr und nicht dazu passenden PLZ zeigt eine entsprechende Fehlermeldung an.
- Die wiederholte Eingabe einer plausiblen KKNr und nicht dazu passenden PLZ zeigt eine entsprechende Fehlermeldung und die Telefonnummer des Kundenservice an.
- Die Kundenkarte mit korrekter KKNr und dem Namen des Inhabers wird angezeigt, wenn eine Kundenkarte hinterlegt ist.◀

3.4 Compliance

Sowohl die Rechtslage als auch die Regeln der großen App-Marktplatzbetreiber Google und Apple setzen einen Rahmen für die Entwicklung und Verbreitung von Smartphone Apps. Dieser gilt entsprechend auch für Einzelhändler, die eigene Apps zum Download für Konsumenten anbieten. Ziel soll es an dieser Stelle vor allem sein, für die Thematik zu sensibilisieren und weniger, konkrete Regeln zu benennen: Sowohl die Rechtslage, insbesondere die Rechtsprechung, als auch die Regeln der Betreiber der App-Marktplätze unterliegen einer gewissen Dynamik, werden immer wieder angepasst oder erweitert und sind teilweise stark vom Einzelfall abhängig.

Exemplarisch für Anbieter-abhängige Regeln stellt Google eine umfangreiche Richtlinienübersicht für Entwickler bereit. Diese enthält beispielsweise Hinweise,

- welche Inhalte als unangemessen (zum Beispiel sexuelle oder gewaltverherrlichende Inhalte) gelten,
- wie App-Entwickler mit nutzergenerierten Inhalten (zum Beispiel Produktrezensionen) zu verfahren haben,
- ob und in welchen Ländern Apps angeboten werden dürfen, in denen um Geld gespielt wird,
- welche Mindestanforderungen an Funktionalität und Nutzererfahrung erfüllt sein müssen.

Google erlaubt zum Beispiel keine Apps, die dem Vertrieb von Marihuana (unabhängig von der rechtlichen Situation im jeweiligen Land), von Tabak bzw. E-Zigaretten oder von explosiven Stoffen sowie Schusswaffen und Munition dienen (Google, 2021a).

Weiterführende Informationen
Die aktuellen Richtlinien sind unter

- https://play.google.com/about/developer-content-policy/ (Google)
- https://developer.apple.com/app-store/guidelines/ (Apple)

abrufbar.

Obgleich diese exemplarischen Einschränkungen vermutlich die wenigsten Einzelhändler betreffen, sollte stets kritisch geprüft werden, ob und inwiefern App-Entwicklungsvorhaben mit den Richtlinien der Marktplatzbetreiber Apple und Google kollidieren könnten. Zu beachten ist ferner, dass die Richtlinien der beiden Unternehmen zwar in einigen Teilen Überschneidungen aufweisen, längst aber nicht deckungsgleich sind.

Über diese Richtlinien hinaus muss bei der Entwicklung und dem Betrieb von Smartphone Apps im Einzelhandel auch die jeweils geltende Rechtslage beachtet werden. Dies betrifft insbesondere den Bereich des Internetrechts im weitesten Sinne, wobei insbesondere das Zivil-, Wettbewerbs-, Marken- und Datenschutzrecht von Relevanz sein dürften.

▶ **Wichtig** Aufgrund der Komplexität und der Dynamik des rechtlichen Rahmens sollten Einzelhändler bei der Umsetzung von Smartphone Apps fachkundige Beratung heranziehen.

Insbesondere die Beachtung des Datenschutzes findet spätestens seit der Einführung der Datenschutzgrundverordnung (DSGVO, engl. GDPR) große Beachtung. Die Verordnung regelt die Verarbeitung personenbezogener Daten in der Europäischen Union und ist bei Verstößen mit teils hohen Strafen für Unternehmen verbunden.

Zusammenfassung

- Aus konzeptioneller Sicht erfordert die Frage nach der tatsächlichen Schaffung eines Kundenmehrwerts durch eine neue Funktionalität die frühzeitige Einholung von Kundenfeedback.
- Im Sinne der effizienten Abwicklung von Geschäftsprozessen ist die Integration von Daten und Informationssystemen kritisch.
- Entwicklung und Betrieb erfordern die Berücksichtigung aller relevanten Endgeräte und Betriebssysteme sowie entsprechender Aktualisierungen.
- Veränderungen der Rechtslage sowie der Richtlinien der App-Marktplatzbetreiber müssen proaktiv verfolgt und adaptiert werden.

Zusammenfassung & Ausblick

4

Der stationäre Einzelhandel befindet sich inmitten eines umfassenden, strukturellen Wandels, der nicht nur, aber auch durch die Digitalisierung getrieben ist. Dank der weiten Verbreitung von Smartphones und der hohen Akzeptanz von Smartphone Apps bietet eben jene Digitalisierung auch Chancen, **diesem Wandel zu begegnen.** Die Vorstellung diverser Einsatzmöglichkeiten in den Bereichen Marketing & CRM, Information & Convenience sowie Transaktion & After-Sales liefert entsprechende Impulse, wie sich dieser Wandel mit dem Einsatz von Smartphone Apps im Einzelhandel konkret ausgestalten lässt. Kurze Erörterungen zu Mehrwerten für Kunden und Unternehmen sowie zu Implementierung und Betrieb liefern darüber hinaus erste Hintergründe für die Evaluation konkreter Projektvorhaben.

Gleichzeitig zeigen die dargestellten **Herausforderungen** auch, dass Entwicklung und Distribution einer Smartphone App – übrigens weitestgehend unabhängig vom konkreten Einsatz im Einzelhandel – mehr als nur eine Ad-hoc-Maßnahme sind und stetige Überlegungen und Anpassungen zur Weiterentwicklung, aber auch zur schlichten Aufrechterhaltung des Betriebs erfordern. Deutlich wird dabei, dass ohne entsprechende Fachkräfte der nachhaltig gewinnbringende Einsatz von Smartphone Apps als Teil des stationären Einkaufserlebnisses kaum möglich sein dürfte.

Mit Spannung ist die künftigen Rolle von Smartphone Apps im Einzelhandel zu erwarten. Anzunehmen ist, dass als konsequente Fortsetzung der zugenommenen Relevanz von Smartphones auch **die Rolle von Smartphone Apps** im Kontext des Einkaufens **zunehmen wird.** Die Chance zu ergreifen liegt in der Hand eines jeden Einzelhandelsunternehmens: Ist der Händler bereit und in der Lage, die Ressourcen aufzunehmen, die es braucht, um den Konsumenten in einer eigenen Smartphone App und damit im eigenen Wirkungskreis zu halten – oder muss er

A. Wohllebe und N. Wolter, *Smartphone Apps im Einzelhandel,* essentials, https://doi.org/10.1007/978-3-658-36500-4_4

41

dem Konsumenten dabei zusehen, wie dieser in den eigenen Regalreihen stehend online Preise vergleicht, Bewertungen prüft und schließlich womöglich doch bei der (nicht notwendigerweise Online-) Konkurrenz einkauft?

Was Sie aus diesem *essential* mitnehmen können

- Überblick aktueller Entwicklungen im Einzelhandel vor dem Hintergrund der steigenden Relevanz mobiler Apps
- Konkrete Ideen für Funktionalitäten zur (Weiter-) Entwicklung von Smartphone Apps für den stationären Einzelhandel sowie Gedanken zu Mehrwerten, Implementierung und Betrieb
- Bewusstsein für die spezifischen konzeptionellen, rechtlichen und technischen Herausforderungen

Literatur

Adello. (2020, January). *Schweiz—Anteil von Mobile Devices an allen Webbesuchen 2019*. Statista. https://de.statista.com/statistik/daten/studie/569204/umfrage/anteil-von-mobile-devices-an-allen-webbesuchen-in-der-schweiz/.

Airnow. (2020a, November). *Apps—Beliebteste aus dem Google Play Store nach Nutzern in Deutschland 2020*. Statista. https://de.statista.com/statistik/daten/studie/962220/umfrage/beliebteste-apps-aus-dem-google-play-store-nach-dau-in-deutschland/.

Airnow. (2020b, December). *Apps—Beliebteste im Google Play Store nach Downloads weltweit 2020*. Statista. https://de.statista.com/statistik/daten/studie/688608/umfrage/beliebteste-apps-im-google-play-store-nach-downloads-weltweit/.

Airnow. (2020c, December). *Shopping-Apps—Beliebteste im Google Play Store nach Downloads in Deutschland 2020*. Statista. https://de.statista.com/statistik/daten/studie/688703/umfrage/beliebteste-shopping-apps-im-google-play-store-nach-downloads-in-deutschland/.

Apple. (2021, August 13). *ARKit*. Apple Developer. https://developer.apple.com/augmented-reality/.

Arcos-Medina, G., & Mauricio, D. (2020). The influence of the application of agile practices in software quality based on ISO/IEC 25010 Standard: *International Journal of Information Technologies and Systems Approach*, *13*(2), 27–53. https://doi.org/10.4018/IJITSA.2020070102.

AudienceProject. (2019, October). *Mobile Apps—Anzahl der Installationen in ausgewählten Ländern weltweit 2019*. Statista. https://de.statista.com/statistik/daten/studie/1057387/umfrage/anzahl-der-auf-dem-mobiltelefon-installierten-apps-in-ausgewaehlten-laendern-weltweit/.

Bellman, S., Treleaven-Hassard, S., Robinson, J., Varan, D., & Potter, R. (2013). Brand communication with branded smartphone apps: First insights on possibilities and limits. *GfK Marketing Intelligence Review*,*5*(2), 24–27.

Berman, B., & Pollack, D. (2021). Strategies for the successful implementation of augmented reality. *Business Horizons*. https://doi.org/10.1016/j.bushor.2021.02.027.

BITKOM. (2019). *Smartphones—Anteil der Nutzer in Deutschland bis 2020*. Statista. https://de.statista.com/statistik/daten/studie/585883/umfrage/anteil-der-smartphone-nutzer-in-deutschland/.

BITKOM. (2020, January). *Wunsch nach digitalen Services beim Einkaufen.* Statista. https://de.statista.com/statistik/daten/studie/1109801/umfrage/wunsch-nach-digita len-services-beim-shoppen/

Bock, O. (2021, August 9). Masterplan für die Innenstadt: Ende der Einkaufsmeile. *FAZ.NET.* https://www.faz.net/aktuell/rhein-main/wandel-der-innenstadt-ende-der-einkaufsmeile-17474562.html.

Bodmeier, R., Scheck, D., & Lieber, K. (2019). Mobile eats the retail world. In Accenture GmbH, G. Heinemann, H. M. Gehrckens, & T. Täuber (Hrsg.), *Handel mit Mehrwert* (S. 135–152). Springer Fachmedien Wiesbaden. https://doi.org/10.1007/978-3-658-216 92-4_5.

Boniversum & bevh. (2018, November). *Click and Collect—Nutzungsgründe in Deutschland 2018.* Statista. https://de.statista.com/statistik/daten/studie/942092/umfrage/nutzun gsgruende-von-click-and-collect-in-deutschland/.

Bundesministerium der Finanzen. (2016, December 28). *Gesetz zum Schutz vor Manipulationen an digitalen Grundaufzeichnungen—Bundesfinanzministerium—Service.* Bundesministerium der Finanzen. https://www.bundesfinanzministerium.de/Content/DE/ Gesetzestexte/Gesetze_Gesetzesvorhaben/Abteilungen/Abteilung_IV/18_Legislaturpe riode/Gesetze_Verordnungen/2016-12-28-Kassenmanipulationsschutzgestz/0-Gesetz. html.

Business Wire. (2021, January). *Smartphone-Hersteller—Marktanteile weltweit 2020.* Statista. https://de.statista.com/statistik/daten/studie/173056/umfrage/weltweite-markta nteile-der-smartphone-hersteller-seit-4-quartal-2009/.

Cisco Systems. (2017, February). *Internet-Traffic über mobile Endgeräte weltweit 2021.* Statista. https://de.statista.com/statistik/daten/studie/172511/umfrage/prognose---entwic klung-mobiler-datenverkehr/.

Deckert, R., & Wohllebe, A. (2021). *Digitalisierung und Einzelhandel: Taktiken und Technologien, Praxisbeispiele und Herausforderungen* (1st ed.). Springer Gabler. https://www. springer.com/de/book/9783658330897.

Deloitte. (2020, June). *Nutzungsgründe Click-&-Collect-Dienste 2020 | Statista.* Statista. https://de.statista.com/statistik/daten/studie/1125495/umfrage/nutzungsgruende-click-collect-dienste-in-deutschland/.

Dialego. (2019, July). *Bedeutung von Coupons auf Kaufentscheidungen in Deutschland 2018.* Statista. https://de.statista.com/statistik/daten/studie/1041480/umfrage/relevanz-von-cou pons-auf-kaufentscheidungen/.

Donath, A. (2000, November 7). *Otto führt virtuelle Anprobe im Internet ein—Golem.de.* golem.de. https://www.golem.de/0011/10684.html.

eBay Inc. (2013, July 22). *eBay-Studie „Zukunft des Handels" zeigt: Jeder vierte Verbraucher hat bereits Click & Collect genutzt.* https://www.ebayinc.com/stories/press-room/ de/ebay-studie-zukunft-des-handels-zeigt-jeder-vierte-verbraucher-hat-bereits-click-col lect-genutzt/.

ECC Köln. (2013). *Das Cross-Channel-Verhalten der Konsumenten – Herausforderung und Chance für den Handel.* https://www.ifhkoeln.de/wp-content/uploads/2020/07/130409_ Cross-Channel_50_Prozent_des_stationa__ren_Umsatzes_wird_in_Online-Shops_vor bereitet.pdf.

ECC Köln & Salesforce. (2020, July). *Bekanntheit und Nutzung von Omnichannel-Services*. Statista. https://de.statista.com/statistik/daten/studie/1135807/umfrage/nutzung-bekann heit-omnichannel-services-deutschland/.

Esprit. (2019, October). *Flächenproduktivität des ESPRIT-Einzelhandels in Deutschland bis 2019*. Statista. https://de.statista.com/statistik/daten/studie/262194/umfrage/flaechenprod uktivitaet-des-esprit-einzelhandels--in-deutschland/.

Eurostat. (2019, December). *Umsatz im Einzelhandel in der EU nach Ländern*. Statista. https://de.statista.com/statistik/daten/studie/261444/umfrage/umsatz-im-einzelhan del-in-der-eu-nach-laendern/.

Flavián, C., Gurrea, R., & Orús, C. (2020). Combining channels to make smart purchases: The role of webrooming and showrooming. *Journal of Retailing and Consumer Services, 52*, 101923. https://doi.org/10.1016/j.jretconser.2019.101923.

Floemer, A. (2012). *3.997 Smartphone-Modelle: So fragmentiert ist der Android-Markt*. t3n Magazin. https://t3n.de/news/3997-smartphone-modelle-388360/.

Forschungszentrum für Handelsmanagement. (2019). *Schweiz—Häufigkeit der Nutzung eines Smartphones als Begleiter im Einkaufsprozess 2019*. https://de.statista.com/statistik/daten/studie/432633/umfrage/haeufigkeit-der-nutzung-mobiler-anwendungen-in-der-schweiz/.

Friedrich, M. (2016). *Nutzung von digitalen Prospekten*. United Internet Media. https://www.united-internet-media.de/fileadmin/uim/media/home/downloadcenter/studien/UIM_Res earch_Prospektenutzung.pdf.

Furht, B. (Ed.). (2011). *Handbook of augmented reality*. Springer. https://doi.org/10.1007/978-1-4614-0064-6.

Google. (2021a). *Richtlinienübersicht für Entwickler*. https://play.google.com/about/develo per-content-policy/.

Google. (2021b, August 13). *ARCore*. Google developers. https://developers.google.com/ar? hl=de.

Halper, M. (2017, March 8). *Two more indoor positioning projects sprout in European super-markets*. LEDs Magazine. https://www.ledsmagazine.com/smart-lighting-iot/article/167 00520/two-more-indoor-positioning-projects-sprout-in-european-supermarkets.

Hartmann, W., Kreutzer, R. T., & Kuhfuß, H. (Eds.). (2003). *Handbuch couponing*. Gabler Verlag. https://doi.org/10.1007/978-3-663-01559-8.

HDE. (2014). *Branchenreport Einzelhandel—Stadt und Handel*. https://einzelhandel.de/ima ges/publikationen/Branchenreport_HDE_Stadt_Handel.pdf.

HDE. (2018). *Kundenerwartung zu technischen Erneuerungen im Einzelhandel in Deutsch-land 2018*. Statista. https://de.statista.com/statistik/daten/studie/829480/umfrage/kunden erwartung-zu-technischen-erneuerungen-im-einzelhandel-in-deutschland/.

HDE. (2019). *Verkaufsfläche im Einzelhandel in Deutschland bis 2018*. Statista. https://de. statista.com/statistik/daten/studie/462136/umfrage/verkaufsflaeche-im-einzelhandel-in-deutschland/.

HDE. (2020a, September). *Einzelhandelsumsatz in Deutschland nach Vertriebsformen in den Jahren 2000 bis 2019*. Statista. https://de.statista.com/statistik/daten/studie/220824/umf rage/umsatzanteil-der-vetriebswege-im-deutschen-handel/.

HDE. (2020b, September). *Top-Themen im Einzelhandel in Deutschland 2020*. Statista. https://de.statista.com/statistik/daten/studie/236106/umfrage/die-top-themen-im-deutsc hen-einzelhandel-im-jahresvergleich/.

HDE. (2021a, May). *E-Commerce—Entwicklung des Umsatzes 2020*. Statista. https://de.sta
tista.com/statistik/daten/studie/3979/umfrage/e-commerce-umsatz-in-deutschland-seit-
1999/.

HDE. (2021b, May 10). *HDE-Online-Monitor 2021: Corona löst Wachstumsschub
für Click & Collect und Online-Marktplätze aus.* Handelsverband Deutschland. https://einzelhandel.de/presse/aktuellemeldungen/13327-hde-online-monitor-2021-
corona-loest-wachstumsschub-fuer-click-collect-und-online-marktplaetze-aus.

HDE, Statista, KPMG, & bevh. (2019). *Flächenproduktivität im Einzelhandel in Deutschland
bis 2018.* Statista. https://de.statista.com/statistik/daten/studie/214701/umfrage/flaechenp
roduktivitaet-im-deutschen-einzelhandel/.

HDE & Statistisches Bundesamt. (2021, February). *Umsatzentwicklung im Einzelhandel
in Deutschland bis 2020.* Statista. https://de.statista.com/statistik/daten/studie/70190/umf
rage/umsatz-im-deutschen-einzelhandel-zeitreihe/.

van Heerde, H. J., Dinner, I. M., & Neslin, S. A. (2019). Engaging the unengaged customer:
The value of a retailer mobile app. *International Journal of Research in Marketing,36*(3),
420–438. https://doi.org/10.1016/j.ijresmar.2019.03.003

Heinemann, G. (2017). Die Neuerfindung des stationären Einzelhandels: Kundenzentralität
und ultimative Usability für Stadt und Handel der Zukunft. *Springer Gabler.* https://doi.
org/10.1007/978-3-658-15862-0

ibi research & DIHK. (2020, September). *Kundenkommunikation—Genutzte Kanäle in
Deutschland 2020.* Statista. https://de.statista.com/statistik/daten/studie/763192/umfrage/
genutzte-kanaele-fuer-die-kundenkommunikation-in-deutschland/.

IDC. (2020, September). *Smartphones—Prognose Absatz bis 2024.* Statista. https://de.sta
tista.com/statistik/daten/studie/12865/umfrage/prognose-zum-absatz-von-smartphones-
weltweit/.

Jäger, R. (2016). *Multi-Channel im stationären Einzelhandel: Ein Überblick.* Springer Gabler.

Kang, J.-Y. M. (2017). Augmented reality mobile apps in fashion retail: Expectancy-
value judgments. *International Textile and Apparel Association Annual Conference
Proceedings, 74*(1), Article 1. https://www.iastatedigitalpress.com/itaa/article/id/1794/.

Kantar. (2021, February). *Android und iOS – Marktanteile am Absatz in Deutschland
bis 2020.* Statista. https://de.statista.com/statistik/daten/studie/256790/umfrage/marktante
ile-von-android-und-ios-am-smartphone-absatz-in-deutschland/.

Kheiravar, S., & Richter, N. (2016). Neue Technologien im stationären Einzelhandel: Mobile
Apps oder stationäre Geräte? In L. Binckebanck & R. Elste (Hrsg.), *Digitalisierung im
Vertrieb: Strategien zum Einsatz neuer Technologien in Vertriebsorganisationen* (S. 609–
631). Springer Fachmedien. https://doi.org/10.1007/978-3-658-05054-2_26.

Mehner, M., & Kremming, K. (2021). *Trends im Business Messaging 2021* (MessengerPeople
GmbH, Ed.). https://www.messengerpeople.com/wp-content/uploads/2021/01/messenger
people-studie-2021-business-messaging-trends.pdf.

Mentefactum. (2018, July). *Angebotsvielfalt des Einzelhandels in Innenstädten in Deutschland 2018.* Statista. https://de.statista.com/statistik/daten/studie/876417/umfrage/umf
rage-zur-angebotsvielfalt-des-einzelhandels-in-innenstaedten-in-deutschland/.

Milgram, P., Takemura, H., Utsumi, A., & Kishino, F. (1995). Augmented reality: A
class of displays on the reality-virtuality continuum. *Telemanipulator and Telepresence
Technologies,2351,* 282–292. https://doi.org/10.1117/12.197321

MMA & MindTake. (2020, December). *Österreich—Smartphone-Funktionen beim Einkauf im Geschäft 2020*. Statista. https://de.statista.com/statistik/daten/studie/1052915/umf rage/interesse-an-smartphone-services-waehrend-des-einkaufs-im-geschaeft-in-oester reich/.

Pantano, E., & Priporas, C.-V. (2016). The effect of mobile retailing on consumers' purchasing experiences: A dynamic perspective. *Computers in Human Behavior,61*, 548–555. https://doi.org/10.1016/j.chb.2016.03.071

Parker, C. J., & Wang, H. (2016). Examining hedonic and utilitarian motivations for m-commerce fashion retail app engagement. *Journal of Fashion Marketing and Management: An International Journal,20*(4), 487–506. https://doi.org/10.1108/JFMM-02-2016-0015

POSpulse. (2020, April). *Corona-Krise: Gründe für die Präferenz von Self-Service Kassen*. Statista. https://de.statista.com/statistik/daten/studie/1114023/umfrage/gruende-fuer-die-praeferenz-von-self-service-kassen/.

Ranzinger, A. (2017). *Praxiswissen Kundenbindungsprogramme: Konzeption und operative Umsetzung* (2nd ed.). Gabler Verlag. https://doi.org/10.1007/978-3-658-17660-0.

Reink, M. (2014). Aktuelle Entwicklungen und zukünftige Trends im Einzelhandel – und mögliche räumliche Auswirkungen für die Innenstadt. *Shoppen – in der City?, 2014*(01), 11–20. https://d-nb.info/1197915206/34#page=25.

Rojas-Osorio, M., & Alvarez-Risco, A. (2019). Intention to use smartphones among Peruvian University students. *International Journal of Interactive Mobile Technologies (IJIM),13*(03), 40–52. https://doi.org/10.3991/ijim.v13i03.9356

Roock, S., & Wolf, H. (2016). *Scrum—Verstehen und erfolgreich einsetzen* (1. Aufl.). dpunkt.

Schäfer, C. (2017, November 29). Beratung kostet Geld: Die Händler schlagen zurück. *FAZ.NET*. https://www.faz.net/1.5309715.

Sentient Decision Science. (2018a, June). *Antwortgeschwindigkeit Messenger-Kanäle*. Facebook IQ. https://de-de.facebook.com/iq/insights-to-go/among-people-surveyed-acr oss-4-markets-who-message-businesses-over-59-say-that-compared-to-more-traditional-channels-messaging-businesses-offers-them-better-advice-and-care.

Sentient Decision Science. (2018b, June). *Beratung und Betreuung Messenger-Kanäle*. Facebook IQ. https://de-de.facebook.com/iq/insights-to-go/among-people-surveyed-acr oss-4-markets-who-message-businesses-over-50-say-that-compared-to-more-traditional-channels-messaging-businesses-offers-them-better-advice-and-care.

Shukla, P. S., & Nigam, P. V. (2018). E-shopping using mobile apps and the emerging consumer in the digital age of retail hyper personalization: An insight. *Pacific Business Review International, 10*(10), 131–139. http://www.pbr.co.in/2018/2018_month/April/16.pdf.

Statista. (2021, August). *Mobiles Bezahlen in Deutschland 2021*. Statista. https://de.statista. com/prognosen/999892/deutschland-situationen-fuer-mobiles-bezahlen.

Statistisches Bundesamt. (2020a). *Umsatzanteil des eCommerce im Einzelhandel in Deutsch-land*. Statista. https://de.statista.com/statistik/daten/studie/261395/umfrage/umsatzanteil-des-ecommerce-im-einzelhandel-in-deutschland/.

Statistisches Bundesamt. (2020b). *Umsatzanteil des eCommerce im Einzelhandel in Deutsch-land*. Statista. https://de.statista.com/statistik/daten/studie/261395/umfrage/umsatzanteil-des-ecommerce-im-einzelhandel-in-deutschland/.

Statistisches Bundesamt. (2020c). *Umsatzentwicklung im Einzelhandel in Deutschland bis 2019*. Statista. https://de.statista.com/statistik/daten/studie/70190/umfrage/umsatz-im-deutschen-einzelhandel-zeitreihe/.

Statistisches Bundesamt. (2020d, February). *Konsumausgaben je Haushalt und Monat nach Verwendungszweck*. Statista. https://de.statista.com/statistik/daten/studie/164774/umfrage/konsumausgaben-private-haushalte/.

Statistisches Bundesamt. (2020e, March). *Unternehmen im Einzelhandel in Deutschland*. Statista. https://de.statista.com/statistik/daten/studie/162118/umfrage/anzahl-der-steuerpflichtigen-unternehmen-des-einzelhandels-seit-2002/.

Stephanie Kowalewski. (2014, January 14). *Einzelhandel—Der Beratungsklau*. Deutschlandfunk Kultur. https://www.deutschlandfunkkultur.de/einzelhandel-der-beratungsklau.1162.de.html?dram:article_id=274550.

TNS Emnid. (2014, December). *Umfrage zur Anzahl der Karten im Portemonnaie in Deutschland 2014*. Statista. https://de.statista.com/statistik/daten/studie/159304/umfrage/anzahl-der-karten-im-portemonnaie/.

Tönnis, M. (2010). Augmented Reality: Einblicke in die Erweiterte Realität. *Springer*. https://doi.org/10.1007/978-3-642-14179-9

Tupikovskaja-Omovie, Z., & Tyler, D. (2018). Mobile consumer shopping journey in fashion retail: Eye tracking mobile apps and websites. In *Proceedings of the 2018 ACM symposium on eye tracking research & applications*, S. 1–3. https://doi.org/10.1145/3204493.3208335.

VATM & Dialog Consult. (2020, October). *Datendienste—Volumen pro Mobilfunkanschluss im Monat in Deutschland 2020*. Statista. https://de.statista.com/statistik/daten/studie/3506/umfrage/monatliches-datenvolumen-pro-mobilfunknutzer-in-deutschland/.

Verband deutscher Pfandbriefbanken. (2021, February). *Mietindex für Einzelhandelsimmobilien bis 2020*. Statista. https://de.statista.com/statistik/daten/studie/369064/umfrage/mietindex-fuer-einzelhandelsimmobilien-in-deutschland/.

Verma, D. S., & Verma, D. (2013). Managing customer relationships through mobile CRM in organized retail outlets. *International Journal of Engineering Trends and Technology – IJETT, 4*(5), 1697–1701. http://ijettjournal.org/archive/ijett-v4i5p76.

VuMA. (2019, November). *Online-Shopping—Produkte/Dienstleistungen, die von Online-Käufern über e-commerce Markt/Direktversender über das Internet bestellt wurden 2019*. Statista. https://de.statista.com/statistik/daten/studie/538700/umfrage/produkte-dienstleistungen-die-ueber-e-commerce-markt-direktversender-uebers-internet-bestellt-wurden/.

WE Communications. (2016, July). *Kaufkriterien beim Produktkauf in Deutschland 2016*. Statista. https://de.statista.com/statistik/daten/studie/204710/umfrage/bedeutung-verschiedener-faktoren-bei-der-kaufentscheidung-nach-produktgruppen/.

Wohllebe, A. (2021a). Scrum as an agile method for strategic organizational learning in digital enterprise Transformation: Applying the four elements of organizational learning. In K. Sandhu (Ed.), *Disruptive technology and digital transformation for business and government* (S. 24–42). IGI Global. https://doi.org/10.4018/978-1-7998-8583-2.ch002.

Wohllebe, A. (2021b). Mobile apps in stationary retail: Assessing the theoretical and practical relevance of features and developing a typology – Insights into the German market. In *Proceedings of the 15th international conference on economics and business 2021*, S. 208–222. http://csik.sapientia.ro/data/Challenges%20in%20the%20carpathian%20basin%20e-book.pdf.

Wohllebe, A., Dirrler, P., & Podruzsik, S. (2020). Mobile apps in retail: Determinants of consumer acceptance – A systematic review. *International Journal of Interactive Mobile Technologies (IJIM), 14*(20), 153–164. https://doi.org/10.3991/ijim.v14i20.18273

Wohllebe, A., & Hillmers, M. (2021). Towards a scientific definition of app marketing – A practice-oriented approach using scientific and grey literature. *International Journal of Applied Research in Business and Management, 2*(1), 13–25. https://doi.org/10.51137/ijarbm.2021.2.1.2.

Wohllebe, A., Ross, F., & Podruzsik, S. (2020). Influence of the net promoter score of retailers on the willingness of consumers to install their mobile app. *International Journal of Interactive Mobile Technologies (IJIM), 14*(19). https://doi.org/10.3991/ijim.v14i19.17027.

Xu, C., Peak, D., & Prybutok, V. (2015). A customer value, satisfaction, and loyalty perspective of mobile application recommendations. *Decision Support Systems, 79*, 171–183. https://doi.org/10.1016/j.dss.2015.08.008

YouGov. (2019, December 19). *Digitalisierung an der Einkaufskasse – Kassenbon per Email für viele vorstellbar*. YouGov. //yougov.de/news/2019/12/12/digitalisierung-der-einkaufskasse-kassenbon-email-/.

Printed in the United States
by Baker & Taylor Publisher Services